MEDITAÇÃO TRANSCENDENTAL E SAÚDE

Dr. Wolfgang Schachinger
Dr. Ernst Schrott

MEDITAÇÃO TRANSCENDENTAL E SAÚDE

Potencial Infinito de Bem-Estar

Tradução
ZILDA HUTCHINSON SCHILD SILVA

EDITORA PENSAMENTO
São Paulo

Título original: *Gesundheit Aus Dem Selbst: Transzendentale Meditation.*

Copyright © 2001 J. Kamphausen Verlag & Distribution GmbH.

Todos os direitos reservados. Nenhuma parte deste livro pode ser reproduzida ou usada de qualquer forma ou por qualquer meio, eletrônico ou mecânico, inclusive fotocópias, gravações ou sistema de armazenamento em banco de dados, sem permissão por escrito, exceto nos casos de trechos curtos citados em resenhas críticas ou artigos de revistas.

A Editora Pensamento-Cultrix Ltda. não se responsabiliza por eventuais mudanças ocorridas nos endereços convencionais ou eletrônicos citados neste livro.

Transcendental Meditation [Meditação Transcendental],*TM-Sidhi* [MT-Sidhi], *Science of Creative Intelligence* [Ciência da Inteligência Criativa], *Maharishi Technology of the Unified Field* [Tecnologia do Campo Unificado Maharishi], *Maharishi International University* [Universidade Internacional Maharishi], *Maharishi Ayur Veda* [Ayurveda Maharishi], *Gandharva Veda Music* [Música védica Gandharva] e *Maharishi Stapatya Veda* [Veda Stapatya Maharishi] têm patente registrada no Cartório de Títulos e Marcas dos Estados Unidos da América.

Os programas TM-Sidhi, Sthapatya, Vastu, Jyotish e Yagya são marcas registradas da SAMHI-TA – Sociedade para a promoção da Ciência Védica Maharishi na Alemanha mbH.

Todas as informações deste livro foram cuidadosamente revistas pelos autores. Não assumimos nenhuma responsabilidade por danos pessoais, materiais ou patrimoniais.

Dados Internacionais de Catalogação na Publicação (CIP)
(Câmara Brasileira do Livro, SP, Brasil)

Schachinger, Wolfgang
Meditação transcendental e saúde : potencial infinito de bem-estar / Wolfgang Schachinger, Ernst Schrott ; tradução Zilda Hutchinson Schild Silva. -- São Paulo : Pensamento, 2005.
Título original: Gesundheit aus dem Selbst : Transzendentale Meditation.
ISBN 85-315-1421-5
1. Maharishi Mahesh, Yogi - Ensinamentos 2. Medicina alternativa 3. Meditação transcendental 4. Saúde - Promoção I. Schrott, Ernst. II. Título.
05-7954   CDD-158.125

Índices para catálogo sistemático:
1. Meditação transcendental : Aperfeiçoamento pessoal : Psicologia aplicada   158.125

O primeiro número à esquerda indica a edição, ou reedição, desta obra. A primeira dezena à direita indica o ano em que esta edição, ou reedição, foi publicada.

Edição	Ano
1-2-3-4-5-6-7-8-9-10-11	05-06-07-08-09-10-11

Direitos de tradução para a língua portuguesa
adquiridos com exclusividade pela
EDITORA PENSAMENTO-CULTRIX LTDA.
Rua Dr. Mário Vicente, 368 — 04270-000 — São Paulo, SP
Fone: 6166-9000 — Fax: 6166-9008
E-mail: pensamento@cultrix.com.br
http://www.pensamento-cultrix.com.br
que se reserva a propriedade literária desta tradução.

Impresso em nossas oficinas gráficas.

A Meditação Transcendental (MT) é um método simples e de prática fácil destinado à regeneração psíquica e física e constitui um método de prevenção para milhões de pessoas.
Ela é um caminho para mais alegria e sucesso na vida.

Este livro não é destinado a diagnósticos, prescrições médicas ou tratamentos.
Em hipótese alguma as informações contidas nele devem substituir um exame ou aconselhamento médico.
No caso de doenças consulte o seu médico ou psicólogo.

Introdução
UM POTENCIAL INESGOTÁVEL EM NÓS **9**

Capítulo 1
ACESSO À FONTE INTERIOR DE SAÚDE **13**

Capítulo 2
O MÉDICO INTERIOR **21**

Capítulo 3
ESTABELECIDO NO EU INTERIOR **27**

Capítulo 4
COMO DESENVOLVER E USAR TODO O POTENCIAL DA MENTE **39**

Capítulo 5
MENTE SÃ EM CORPO SÃO **53**

Capítulo 6
MT EM TODAS AS FAIXAS ETÁRIAS **93**

Capítulo 7
MEDITAÇÃO E *MANAGEMENT* **105**

Capítulo 8
MT E RELIGIÃO **113**

Capítulo 9
MAHARISHI MAHESH YOGI E O MOVIMENTO DA MT **119**

Capítulo 10
O MUNDO É A MINHA FAMÍLIA **125**

Capítulo 11
COMO EU APRENDO A MT **135**

Capítulo 12
PERGUNTAS E RESPOSTAS **145**

APÊNDICE **159**
Possibilidades de uso da MT **161**
Sobre os autores **163**
Agradecimentos **164**

"A Meditação Transcendental sintoniza a
energia do indivíduo diretamente
com a vida cósmica.
Com isso, ela se torna um caminho
para a saúde perfeita e uma dádiva
do céu nesta época tão crítica
da civilização humana."

Maharishi Mahesh Yogi

Introdução

UM POTENCIAL INESGOTÁVEL EM NÓS

Quando você, querido leitor, pegar nas mãos este livro sobre a Meditação Transcendental (MT), terá as suas próprias expectativas. Como uma pessoa em busca espiritual, você espera encontrar um caminho simples de interiorização, que lhe traga paz, felicidade e realização.

Como estudante, é possível que precise de um método de descontração para diminuir o *stress* e para melhorar a sua capacidade de aprendizado e percepção.

Conhecidos esportistas campeões usam esta técnica eficaz para manter-se em forma e preparar-se mentalmente para a competição.

Mais de dez mil médicos em todo o mundo aprenderam a MT para recuperarem-se diariamente do seu trabalho e a recomendam aos seus pacientes com dores de cabeça, enxaquecas, pressão alta ou algum outro distúrbio de saúde.

Artistas conhecidos meditam com sucesso segundo o método da MT e igualmente obtêm lucro para o seu trabalho, assim como também cientistas famosos, estadistas e políticos, trabalhadores, professores e sacerdotes.

A Meditação Transcendental de Maharishi — conhecida como MT — tornou-se hoje um sólido conceito em todo o mundo. Mais de seis milhões de pessoas de todos os países, profissões, faixas etárias ou crenças religiosas a aprenderam, cada uma de um ângulo e com um anseio muito pessoal.

Mas será possível existir um método que satisfaça a todas as necessidades humanas — tão diferentes e, contudo, tão justificadas?

A resposta só pode ser: uma meditação que mereça o seu nome *tem de* atender a todas essas necessidades: melhora da saúde, liberação e desdobramento das capacidades mentais, apoio para o sucesso profissional, felicidade particular e desenvolvimento espiritual. Pois, por mais diferentes que os nossos desejos e anseios pareçam à primeira vista, eles têm uma origem comum e uma base de conexão: *é o nosso Eu Interior, o plano mais silencioso da nossa consciência, em que estão unidos numa unidade diversos e complexos acontecimentos da mente e do corpo, que também determinam as nossas ações.*

A Meditação Transcendental, ensinada há mais de quarenta anos em todo o mundo por Maharishi Mahesh Yogi, preenche essas necessidades básicas dos homens. Ela conduz diretamente àquela fonte profunda em nós mesmos, que toca todos os âmbitos da vida e da qual extraímos saúde, energia, criatividade, conhecimento e felicidade. A MT é um caminho simples, natural e direto para o próprio Eu, para o lugar da saúde perfeita e a câmara do tesouro em nosso coração, na qual mora o amor.

Perguntas no caminho

Talvez você questione: será que posso aprender? Será que esta meditação é indicada para mim? Há exigências especiais? Terei de mudar a minha vida? Posso harmonizar a MT com a minha religião? Toda meditação — e existem tantos métodos — não leva ao mesmo objetivo? O que há de especial nesta técnica?

Estas e muitas outras perguntas serão discutidas com você nos próximos capítulos.

Nós nos alegramos com este diálogo e com a excitante viagem que faremos juntos ao reino da consciência e dos segredos de cura do nosso corpo! Ela nos levará primeiro à essência da MT, à sua metódica, às experiências interiores e, então, naturalmente, aos seus efeitos mentais, físicos e sociais. Com isso, nós também iluminaremos melhor a estrutura interior do nosso corpo, bem como o seu plano cósmico de construção.

A partir disso, nós faremos com você uma viagem cultural pelo tempo que, na forma de citações, nos porá em contato com as experiências de grandes personalidades da história do mundo: os místicos da Idade Média, os antigos filósofos da Grécia, os sábios da China antiga, os gênios, os músicos e os poetas e com os povos nativos dos índios, com suas profundas experiências espirituais. Veremos, assim, que aquele plano bem no fundo de nós mesmos, que abrimos espontaneamente com a MT, foi conquistado em todos os tempos, em todas as culturas e pelas mais diferentes pessoas e descrito como altamente digno de ser possuído — e que é fácil, até mesmo sem esforço, hauri-lo diariamente.

Naturalmente, queremos especialmente dirigir a atenção para os efeitos da MT sobre a saúde, que, em virtude da experiência médica e pesquisa científica, estão muito bem documentados. Isso também porque o livro foi escrito a partir da experiência e da visão de dois clínicos gerais, que puderam observar os efeitos do método em inúmeros pacientes e em si mesmos durante mais de duas décadas.

É nosso desejo manter a linguagem simples e facilmente compreensível, e dedicaremos bastante tempo às perguntas e respostas.

"Olhe para dentro de você.
No seu interior existe uma fonte que nunca
cessa de jorrar, se você souber como cavar."
Marco Aurélio

Capítulo 1

ACESSO À FONTE INTERIOR DE SAÚDE

O construtor de uma firma alemã de automóveis, de 50 anos de idade, que veio ao meu consultório pela primeira vez no verão de 1997, tinha atrás de si uma longa história de sofrimentos, fora tratado várias vezes de uma doença crônica e havia sofrido várias cirurgias. O seu histórico de saúde daria um tratado, mas o que mais impressionava nesse homem era a notável descontração, na verdade a quase alegria, com que visivelmente aceitava a sua doença. Esse estado de ânimo chamava tanto a atenção que falei com ele sobre isso. A explicação dele foi simples e sem rodeios:

"Há pouco tempo aprendi a Meditação Transcendental e já com a primeira experiência tive um grande sentimento de felicidade. Minha atual descontração deve-se à MT. Quando comecei a meditar, foi como se tivesse nascido de novo. Eu saí tão livre da meditação como se tivesse rastejado para fora do meu caracol. Posso falar com meu chefe de maneira muito diferente, estou realmente solto e livre. Antes eu tinha complexo de inferioridade.

A MT me proporciona uma grande libertação interior todos os dias. Ela me dá muita energia e sinto como as forças de cura fluem em mim. Desde que pratico essa meditação, sinto uma grande mudança no meu estado de saúde."

O que é Meditação Transcendental?

Nos próximos capítulos, depararemos sempre com as características básicas da MT, que não só caracterizam esta técnica de meditação, mas também explicam de modo bem claro o seu efeito e a sua ampla disseminação e uso:

"A Meditação Transcendental é um método simples e natural de experimentar o silêncio interior e a consciência pura. Subjetivamente, esses momentos são de tranqüila vivacidade. Esse processo espontâneo e destituído de esforço vem junto com uma profunda descontração e regeneração mental e física."

Esta técnica é especial — e isso a distingue essencialmente de outros métodos de descontração e meditação: a MT é fácil e confortável de praticar, muitíssimo agradável e eficaz. A tranqüilidade e a descontração acontecem em alguns minutos. Além disso, a MT tem a grande vantagem de ser fácil de aprender e de funcionar basicamente na primeira meditação, não exigindo, portanto, nenhum verdadeiro esforço.

De onde vem a MT?

O princípio básico do método é um princípio infinito, universal e natural. A MT não foi descoberta, mas sim, reconhecida como uma característica e possibilidade naturais do espírito humano. Conseqüentemente, esse tipo de meditação em diferentes épocas teve um nome correspondente ao seu uso naquele momento. Hoje ela se chama Meditação Transcendental. Mas, é também uma técnica *védica* antiqüíssima, isto é, ela provém da tradição de conhecimento mais antiga da história da humanidade: os vedas.

O que é veda?

Veda significa conhecimento perfeito ou sabedoria perfeita das leis da natureza. Na sua origem, esse conhecimento era transmitido oralmente, tendo sido mais tarde registrado e transmitido na forma escrita.

Como este conhecimento é adquirido?

É preciso imaginar o seguinte: Os sábios vedas usavam determinados procedimentos meditativos, a fim de adquirir conhecimento provindo do próprio Eu interior e sondar todas as possibilidades da consciência humana. Os métodos de concentração eram um segredo cuidadosamente guardado, que só era transmitido a um círculo estrito e digno de confiança, de mestre para discípulo. Eles lhes possibilitavam a experiência da consciência pura e da unidade interior, fonte de seus conhecimentos abrangentes, de ramos diferentes do conhecimento védico — por exemplo, também do Ayurveda.

Há alguns anos, esta arte de cura foi revivida e aperfeiçoada por líderes especializados e, a partir daí, foi disseminada mundialmente como Ayurveda Maharishi.

Portanto, a MT provém da mesma tradição de conhecimento transmitida pelo Ayurveda, e também para essa medicina tinha originalmente um significado totalmente central, visto que se reconhecia que a verdadeira saúde só pode resultar da harmonia entre corpo, mente e alma.

O princípio da MT foi preservado na sua forma original ou o método continuou se desenvolvendo?

A tradição védica dava um valor extraordinário à transmissão dessa e de outras tecnologias da consciência de forma pura e inalterada, a fim de evitar erros e uma diminuição na eficácia dos métodos. Portanto, originalmente, só era ensinada e transmitida a um círculo de pessoas escolhidas. Maharishi Mahesh Yogi, um erudito védico, de quem provém diretamente essa tradição de conhecimento, deu ao método da Meditação Transcendental uma forma utilizável pelas pessoas modernas com conforto, atendo-se estritamente aos princípios da sua tradição védica. Ele a tornou acessível, desde finais dos anos 50, para mais de seis milhões de pessoas em quase todos os países. Em contrapartida, até essa época, ela não era conhecida nem mesmo na Índia.

O que se quer dizer com transcender?

Meditação Transcendental é uma criação lingüística de Maharishi Mahesh Yogi, com a qual ele quer destacar o valor e o processo especial da transcendência. Isso significa: o praticante da MT experimenta planos cada vez mais sutis e tranqüilos da consciência e estados mais sutis do pensamento, até que os ultrapassa — *transcende* — e, assim, permanece em total silêncio meditativo.

Maharishi Mahesh Yogi descreve o processo da meditação durante a MT da seguinte maneira:

A Meditação Transcendental é um procedimento muito natural, destituído de esforço, que leva a mente à origem do processo de raciocínio em que este se transforma em consciência pura. Isso pode ser comparado a uma onda, que se abre no oceano tornando-se o próprio oceano ilimitado. De igual maneira, a mente pensante se abre no estado de consciência pura. Esse campo de consciên-

cia pura é um plano de criatividade ilimitada, inteligência e felicidade infinitas. É o plano puro das leis da natureza. Quando a mente volta da meditação, ela o faz com maior energia, criatividade e inteligência, e se mantém cada vez mais no enquadramento das leis da natureza.

Como funciona o método? Como é possível mergulhar em si mesmo, aparentemente de modo tão espontâneo e sem esforço?

A MT aqui significa uma tendência natural do espírito de esforçar-se para obter mais conhecimento, bem-estar, felicidade e satisfação. Ao contrário, diferentes técnicas de meditação e relaxamento tentam acalmar o espírito, à medida que se apegam a uma idéia, se concentram em algo ou sugerem calma e descontração. Mas, via de regra, isso é difícil, pois os pensamentos concretos prendem o espírito e impedem que se chegue à origem do pensamento, ali onde há apenas silêncio e, portanto, nenhum pensamento. A MT, nesse caso, usa um truque: ela usa um som, um mantra, cujo conteúdo não tem significado e, assim, não prende o espírito ao plano consciente do pensamento. Nisso é decisivo usar o som da maneira correta, pois apenas assim a pessoa que medita pode transcender sem esforço e naturalmente, chegando ao silêncio interior, além do mundo dos seus pensamentos.

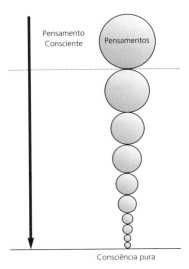

Por meio da Meditação Transcendental, nós chegamos a uma consciência sem conteúdo, sem forma: a consciência pura.

Na verdade, não se pode aprender num livro o modo correto de usar o som. É preciso a instrução pessoal de um professor corretamente formado e autorizado de MT (veja o capítulo 11 "Como eu aprendo a MT", p. 135)

Vinte minutos de profundo silêncio e descontração — duas vezes por dia

A MT é uma meditação muito eficaz, que em geral exige de quinze a vinte minutos pela manhã e à noite. Trata-se de um tempo ínfimo, em comparação com o que nós em geral desperdiçamos com coisas muito menos importantes. Começar o dia repletos de energia e à noite, por exemplo, depois do trabalho, regenerar-se, elaborar as impressões do dia e, assim recuperados, ter novamente cabeça para a família, os amigos e o tempo livre, é um bom investimento de capital. Disso tira proveito, antes de tudo, a saúde.

Sentar-se confortavelmente!

Para poder praticar a MT da melhor maneira não é necessário, e é até mesmo um obstáculo, adotar posições difíceis do corpo. Basta sentar-se descontraído e com conforto. O processo da MT é tão natural e feito com tanta naturalidade, que todo tipo de esforço, seja por meio da concentração mental ou da postura contraída do corpo, é um obstáculo no caminho suave para o interior.

Meditação Transcendental — todos podem aprendê-la facilmente. A pessoa que medita adota a posição que seja mais confortável para ela.   Foto: Mosaik/M. Ziegler

O próprio lar, na maioria das vezes, é o lugar mais confortável para a meditação. Podemos praticar a MT em toda parte em que seja possível sentar-se confortavelmente sem ser perturbado. Também podemos meditar durante as viagens num lugar tranqüilo, no hotel, no ônibus, no trem, no avião ou no carro. Consideramos a MT a forma ideal de meditação para o homem moderno, visto que pode ser utilizada com flexibilidade.

O que acontece no corpo e na mente durante a MT?

Tentaremos descrever isso: Partindo do pensamento cotidiano, a pessoa que medita passa por estados gradativamente mais calmos de pensamentos, até que finalmente ultrapassa a mais sutil atividade mental — transcende. Trata-se de momentos de plenitude interior e de ausência de limites, de paz e de perfeita vivacidade.

A duração dessas experiências do ser é diferente conforme a meditação e o indivíduo. Muitas vezes são apenas breves momentos, em que a pessoa que medita experimenta silêncio claro sem pensamentos e fica concentrada em si mesma. Talvez os praticantes da MT também vivam, ao lado uma da outra, profunda paz interior e, ao mesmo tempo, atividade de pensamentos.

Portanto, a paz e os processos de elaboração no sistema nervoso acontecem paralelamente.

O que a pessoa que medita sente na sua consciência como paz profunda, tem seu correspondente no corpo: a respiração torna-se espontaneamente mais tranqüila, a resistência da pele aumenta, a musculatura se descontrai. Durante mais de 35 anos, os cientistas examinaram muito bem essas modificações que acontecem na MT.

A MT realmente funciona, também, quando eu mais preciso dela?

Sim! Esta é exatamente uma das suas maiores vantagens. Cada um de nós conhece isto: um dia típico, cheio de impressões, acontecimentos e um bocado de pressão de tempo e agitação. À noite chegamos em casa exauridos, a cabeça parece uma colméia de abelhas. Somos surpreendidos pelos filhos e possivelmente ainda teremos de brincar de Homem-raio ou de Supermulher. Impossível! A esforçada tentativa de ajustar-se à expectativa do ambiente, só dá certo com tensão, os pensamentos são desviados, giram em torno dos assuntos do dia que passou e não querem aquietar-se.

É exatamente nessa ocasião que aprendemos provavelmente a valorizar mais a MT. Pois essa meditação não exige que os nossos pensamentos cessem. Os pensamentos são uma parte natural da meditação, em que não precisamos reprimir nem alcançar nada, em que não precisamos nos concentrar, refletir ou filosofar. A tranqüilidade instala-se automaticamente, de modo natural e sem esforço! Logo depois da elaboração meditativa dos acontecimentos de um dia repleto de vivências, sentimo-nos revigorados, regenerados e recompostos. Somos outra vez capazes de receber e ficamos abertos para as alegrias da vida.

O que a Meditação Transcendental não é!

Quando recomendamos a MT aos nossos pacientes no consultório, surgem muitas perguntas, incertezas e dúvidas.

Para eliminar desde o início muitos mal-entendidos, achamos que as seguintes indicações são importantes:

➡ **A MT não é religião**, não é crença num sistema ou uma filosofia. Ela é uma técnica mental simples e natural. O processo da meditação não contém nenhum conceito, nenhuma concepção do universo, não usa imagens e não pode ser igualado à contemplação ou à oração. O objetivo dessa meditação é permitir que a mente alcance um plano de tranqüila vivacidade além dos pensamentos e conceitos, que chegue à transcendência. Esse processo é expressão de uma capacidade natural do sistema nervoso humano e independe de educação, crença e convicções religiosas.

➡ **Não é sócia de uma organização:** quem aprende a MT, a pratica livre e independentemente. Ela serve unicamente ao seu bem-estar pessoal. Um objetivo essencial da meditação é a independência interior.

➡ **Não exige que se acredite na sua eficácia:** os efeitos da MT são independentes do fato de alguém acreditar neles ou não. A simples prática pura da técnica traz os resultados desejados.

➡ **Nenhuma vida solitária:** a MT é uma meditação para as pessoas modernas ativas, que as ajuda, no plano particular e profissional, a concretizar melhor e mais satisfatoriamente os seus objetivos. Ela também lhes possibilita um acesso natural ao seu reservatório interior de energia e criatividade e as ajuda a se livrarem do *stress* e das tensões.

➡ **Nenhuma condição especial de vida:** para praticar a MT, basta um lugar confortável para sentar-se e fechar os olhos. Então o processo da regeneração natural e automática pode começar.

Resumo

A Meditação Transcendental é uma técnica mental simples, natural, feita sem esforço e fácil de aprender, que é praticada confortavelmente de quinze a vinte minutos na posição sentada. A MT é um método eficaz, examinado cientificamente a sério e de modo abrangente. As divulgações científicas também mostram: a MT é diretamente eficaz. A MT não é um exercício no sentido verdadeiro do termo.

➡ **Simples:** a MT não é difícil, não se trata de uma técnica complicada. Sentir a tranqüilidade mental e física na MT é um processo simples.

➡ **Natural:** não contém nenhuma manipulação, sugestão ou auto-hipnose.

➡ **Sem esforço:** é fácil praticar a MT. Ela não requer nenhum controle do pensamento, nenhuma concentração, nenhum "desligar" os pensamentos.

➡ **Fácil de aprender**: a partir do quarto ano de vida toda pessoa pode aprender a MT. O método não exige conhecimentos anteriores de meditação ou relaxamento e quaisquer condições especiais.

➡ **Técnica mental**: não se exigem exercícios físicos, posturas corporais ou comportamentos especiais.

➡ **Mergulhar e integrar na vida diária quinze a vinte minutos duas vezes por dia,** de manhã e à noite, na paz profunda, é compensador, também quanto ao aproveitamento do tempo.

➡ **Sentar-se confortavelmente:** a MT funciona melhor quando nos sentamos com conforto.

➡ **Técnica cientificamente analisada:** volumosas pesquisas científicas atestam que a MT é o método de relaxamento e meditação mais eficaz e testado em todo o mundo.

➡ **Diretamente eficaz:** a MT não exige exercícios! O método atua com o início do uso, visto que se baseia num princípio simples e natural.

➡ **Transmitida de maneira qualificada e profissional:** só nos países de língua alemã há à disposição mais de quatrocentos professores formados de Meditação Transcendental. A MT é ensinada numa estrutura de curso obrigatoriamente fixa, a fim de que a todos os iniciantes de meditação seja transmitido o mesmo conhecimento e sejam possíveis progressos comparáveis.

"Medicus curat,
natura sanat"
"O médico trata,
a natureza cura"

Provérbio latino

Capítulo 2
O MÉDICO INTERIOR

O nosso corpo, composto de cem mil bilhões de células, é um sistema incrivelmente complexo de órgãos, tecidos, fluidos, complicados processos de movimento e processos químicos e físicos — ele é um universo em si mesmo. Quem dirige esse gigantesco empreendimento? Como é possível que os processos mais sutis sejam coordenados minuciosamente? O mínimo movimento, o movimento de pálpebras de um espaço de tempo aparentemente insignificante, exige a coordenação e a combinação altamente inteligente de um número inimaginável dos mais sutis mecanismos de direção. Bilhões de processos químicos acontecem em intervalos de segundos. Só o nosso cérebro elabora num segundo mais combinações de sinais do que o número de átomos existentes no universo, e minuto após minuto da nossa vida total, milhões de células corporais são decompostas e imediatamente formadas outra vez. Portanto, onde fica a planta de construção, a instância organizadora e integradora desse cosmos, o corpo? Que inteligência mantém a sua ordem e função durante toda uma vida? Se há uma resposta satisfatória para essas perguntas, ao que parece nós a poderemos encontrar no próprio corpo. Portanto, permita que façamos uma tentativa e uma viagem ao mundo misterioso desse fascinante organismo.

Contemplação silenciosa — um breve encontro com nós mesmos

Para esta experiência você só precisa de uma cadeira confortável e três minutos de tempo. Este exercício não é nenhuma meditação, pois serve realmente para torná-lo consciente dos processos do seu corpo e da sua mente. Começamos como segue: sente-se confortavelmente, feche os olhos e apenas observe o que pressiona a sua consciência. Tome consciência de tudo sem intenção, não valorize nada e não tente alcançar, modificar ou reprimir coisa alguma. Talvez você sinta de início somente uma tensão ou algum outro sentimento no seu corpo, algo como se a sua posição sentada ainda não estivesse confortável ou surgem muitos pensamentos ou você percebe os ruídos que vêm de fora. Mas não importa quais impressões, sentimentos e pensamentos venham à tona ou quais necessidades você sinta — seja lá o que for: simplesmente tome conhecimento. Aceite essa vida interior com toda a naturalidade, assim como ela é.

Depois de mais ou menos meio minuto abra outra vez os olhos, dirija sua atenção para fora durante um momento e feche os olhos mais uma vez. Novamente observe apenas inocentemente o que lhe vem à consciência, não o valorize, simplesmente registre os acontecimentos da sua mente e do seu corpo. Repita esse processo de três a quatro vezes. Então faça um balanço.

Um rio de modificação

O que aconteceu? Por certo, cada pessoa que fizer este pequeno exercício terá experiências diferentes. Mas uma coisa será comum: o mundo interior modifica-se continuamente. A cada vez, depois que fechou os olhos, a pessoa viu outras imagens. A contração na nuca, a sensação de podridão na barriga, um sentimento de felicidade na região do coração ou seja lá o que tenha surgido na sua consciência, modificou-se, sumiu ou se intensificou. Mas nunca se encontrou essa parte do sistema mental e físico totalmente idêntico. Seu mundo interior modificou-se permanentemente. Apenas o observador deste jogo da consciência parece imutável. Neste momento você fez uma descoberta essencial: *Você modificou o seu mundo por meio da observação!* O observador influencia a experiência. De fato, essa verdade revolucionou a concepção clássica do universo da Física como ela existia desde Newton (a relação de desfocalização de Heisenberg). A Física quântica e dos campos de energia descreve um campo padronizado de todas as leis da natureza. Neste campo vale o seguinte: tudo está ligado com tudo e nada acontece no universo sem a influência de todos os componentes deste mundo.

Ordem por meio da inteligência interior

Você deve ter notado outra coisa digna de atenção: depois de alguns minutos deste exercício simples você deve ter-se sentido um pouco mais descontraído, descansado, organizado, também mais claro e desperto. O que aconteceu? Sem a sua interferência, os seus sistemas mental e corporal se organizaram de novo. Bem entendido, você apenas observou, não interferiu, não teve nenhuma intenção de relaxar ou de sentir-se melhor. Imagens interiores ou percepções surgiram totalmente espontâneas na sua consciência. Você exercitou uma única capacidade, exatamente a *atenção silenciosa*. Ou, em outras palavras: você simples e singelamente aceitou e assumiu. Você tomou conhecimento das coisas que antes não sentia ou reconhecia, e uma inteligência que antes desconhecia começou a organizar outra vez o seu corpo e a sua mente. Onde está a planta dessa modificação?

O eu interior — um lugar de saúde perfeita

Do ponto de vista dos sábios védicos a resposta é: a planta de construção está além do mundo material que se modifica, além das transformações de espaço e tempo; ela está na própria consciência imutável e pura, no próprio eu interior. Na terminologia védica trata-se do *atma*, a alma imortal ou também de *samhita*, a unidade interior conectiva. Os antigos chineses o chamavam de *tao*, os filósofos gregos de *logos*. Um sábio indiano moderno, Tsagali, diz sobre esse eu interior: "Quando o reconhece, você tem conhecimento de todas as coisas." Na concepção de todos os sistemas de cura integral e da medicina védica, ele é o lugar da saúde perfeita, a fonte da cura interior, o médico interior.

Causa e efeito

Afinal, trata-se de informações filosóficas ou hipotéticas, portanto, a consciência rege a matéria ou têm razão aqueles que não tomam a consciência como ponto de partida, mas como expressão e produto da matéria? Nós acreditamos que não se pode responder satisfatoriamente a esta pergunta com argumentos, mas talvez por meio da experiência interior desse descrito estado de ser. Neste livro relataremos essas experiências em vários pontos. Essas experiências interiores do ser, que visivelmente estão unidas ao conhecimento integral do ser puro e abrangente ou da inteligência cósmica, provavelmente tocam estruturas de ordem básica não-material. Os sábios védicos chamavam esses conteúdos de sabedoria da nossa consciência — conhecimento puro.

Corpo humano — expressão dos Vedas e da literatura védica

Uma descoberta excitante que esclarece de modo impressionante esses inter-relacionamentos apareceu recentemente em forma de livro. Sob a inspiração e com o apoio de Maharishi Mahesh Yogi, o neurofisiologista dr. Tony Nader, da Maharishi Vedic University, na Holanda, ocupou-se com os princípios estruturais da literatura védica. Nader, que defendeu tese de doutoramento no famoso *Massachusetts Institute of Technology* e publicou inúmeros trabalhos de pesquisa sobre neuroquímica e neuroendocrinologia, descobriu que as regularidades que estruturam a mente e o corpo humanos são as mesmas que existem nas sílabas, nos versos, nos capítulos e nos livros da literatura védica. *"Todos os componentes, órgãos e sistemas orgânicos do corpo humano, principalmente as diferentes partes do sistema nervoso, concordam correspondentemente à sua especialização, na mesma proporção tanto na estrutura como na função, com os quarenta ramos da literatura védica."*

Veda — plano de construção do corpo

O Veda, formulado e expresso por meio dos quarenta ramos da literatura védica, é por conseguinte o plano de construção silencioso e não manifestado da anatomia e da fisiologia do corpo humano. E o fascinante nisso é que cada um de nós pode experimentar esse plano de construção em si mesmo!

No silêncio da transcendência, na meditação profunda, como era visitada pelos rishis, videntes e sábios há milhares de anos, a biblioteca cósmica é o lar do veda. Sua língua é o sânscrito, sua escrita é *devanagari*, isto é, "o lar das leis da natureza". Em outras palavras: Os livros do conhecimento e das leis da cura estão ancorados profundamente em nós mesmos, e a literatura védica, que foi transmitida imutável durante milênios, é o esboço desse plano cósmico que nós vemos e podemos usar.

A Meditação Transcendental é o método de experimentação desse plano interior. Ele é reanimado pela MT e com isso pode exercer uma influência organizadora sobre todo o organismo. Nós permitimos que o médico interior, nosso Eu superior, cure a nossa mente e o nosso corpo.

*"Perguntaram a um sábio qual a hora mais importante
que o ser humano vive, qual a pessoa mais significativa
que ele encontra, e qual a obra mais necessária.
Eis a resposta: a hora mais importante é sempre o
presente, a pessoa mais significativa sempre é aquela
diante de quem você se encontra no momento,
e a obra mais necessária sempre é o amor."*

Mestre Eckhart

Capítulo 3

ESTABELECIDO NO EU INTERIOR

A vida no presente exige confiança! Ela precisa da calma e da descontração de uma mente relaxada, que ainda consegue alegrar-se despreocupada com o presente, como uma criança. No entanto, por meio do constante diálogo interior, a partir da experiência do passado e das expectativas do futuro nós perdemos esse presente. A verdadeira vida só brinca no eterno agora. O futuro nada mais é do que uma visão e o passado já é história. O conhecimento ocupou pessoas de todas as culturas, filósofos e pensadores de todas as épocas. Mas como podemos viver aqui e agora? Existe um método, um caminho?

Recentemente, um jovem preocupado me tornou claro como essa tarefa é difícil para muitos de nós. Ele sofria de vários distúrbios físicos e logo dava para perceber que sua doença era principalmente expressão da sua mente inquieta. Tentei tranqüilizá-lo e fazê-lo compreender que se fizesse uma análise sóbria e objetiva da sua situação de vida, na verdade ele não tinha nenhum motivo real para preocupação. "Desapegue-se mais, relaxe, tenha mais confiança e viva mais no presente", disse eu para animá-lo. A resposta dele foi espontânea e frustrada: "Sim, como se isso fosse fácil!"

No passado ele mesmo havia pensado sobre isso, lido e elaborado o assunto em sessões de psicoterapia. "Como faço isso?"

Essa era uma pergunta justificada. As tradições e doutrinas espirituais ocupam-se há milênios desse problema. Para algumas, tornou-se o anseio mais importante, o componente principal da sua doutrina.

Assim sendo, o caminho dos zen-budistas é principalmente o caminho da atenção, um estar ciente do agora infinito. Thich Nath Hanh, um monge zen vietnamita muito conhecido também no Ocidente ("Eu planto um sorriso") descreve exercícios para uma vida no momento presente: *"Praticar meditação significa voltar ao momento presente, a fim de encontrar a flor, o céu azul e a criança."*

Para Mestre Eckhart, o místico da Idade Média, a profunda experiência meditativa do ser, torna-se a pergunta religiosa central: *"Onde está Deus? Não onde fica o ontem e o amanhã, mas no aqui e agora, aí está Deus."*

A experiência da paz interior

A fim de responder ao homem jovem: os nossos pensamentos sobre o futuro, as nossas preocupações e medos do passado sempre nos alcançarão, enquanto não elaborarmos sua causa, exatamente as experiências da nossa vida que não dominamos. Para isso precisamos de paz profunda no sistema nervoso, a fim de dar ao médico interior a possibilidade da elaboração e da cura. A confiança no presente cresce da experiência da paz interior e da imortalidade. Esta existe além das modificações e transformações do nosso mundo de pensamentos e do nosso corpo. Ela é a nossa última realidade própria, o cerne perene do ser em nós. Essa é a paz e confiança profundas. Quem sente isso, pode dizer: eu vivo na proteção do momento infinito, em sábia descontração e na paz de quem sabe que as coisas da vida acontecem para o melhor.

A Meditação Transcendental é um desses exercícios que nos levam ao reino do infinito. Ela é um método para experimentar a paz no interior, unir-se com a fonte do conhecimento e da sabedoria em si e para gozar o dia mais solto e descontraído. Uma vida no agora é o resultado natural da prática regular desta antiqüíssima técnica védica.

O sistema interior de valorização — a MT fortalece a nossa confiança

O cômico suíço "Emil" apresentou o *sketch* do funcionário da central telefônica da sua maneira inimitável. Ele está para resolver uma palavra cruzada, quando chega a chamada: "O que o senhor deseja? Ah, sim, um telegrama! Para onde? Nova York! Com *este* tempo?..."

O que nos diverte como demonstração de uma cena, não está muito longe do que acontece na vida cotidiana. O tempo não é somente o mais apreciado gancho para iniciar uma conversa em encontros sociais, ele também serve de desculpa para todo tipo de discórdias pessoais; ele também deve preservar-se como suposto causador do bem-estar ou mal-estar físico e mental. Isso também vale para o clima social. Se o ambiente nos é favorável, sentimo-nos bem; mas se, ao contrário, surgem nuvens sombrias no ambiente, então a nossa disposição torna-se rapidamente deprimida. Nós tornamos a nossa disposição dependente do que está fora de nós.

Sistema de valorização interior ou exterior

Stephen Covey, um autor norte-americano de sucesso, descreve no seu *best seller* o comportamento de pessoas altamente bem-sucedidas e eficientes. Ele diferencia as pessoas que vivem predominantemente de modo *reativo* daquelas que, como ele diz, formam sua vida *proativamente*.

As primeiras *reagem* dependendo do seu ambiente. O seu bem-estar mental, emocional e também corporal é determinado pelo comportamento e opinião das outras pessoas. Elas dependem de um sistema de valorização e relacionamento que está fora delas. Se são tratadas e aceitas amigavelmente, sentem-se bem; se sofrem crítica ou oposição, elas se retraem, ou reagem de forma agressiva.

As pessoas reativas — pessoas que dependem de modo especial do seu ambiente e das circunstâncias da vida — não comem determinados alimentos e iguarias porque lhes fazem bem, são gostosos e porque as fazem sentir-se fortes, mas porque algum livro, uma palestra, um ensinamento afirmou como esta ou aquela forma de alimentação é saudável. Elas não dirigem determinada marca de carro principalmente por prazer, mas porque faz parte do prestígio social ter exatamente esse carro, mesmo que comprometa o seu salário. Elas se vestem exatamente como as pessoas esperam que se vistam. Elas seguem uma crença, um conceito de universo, um estilo de vida porque os outros o seguem, não porque elas mesmas tenham testado as verdades dessas doutrinas ou caminhos ou os tenham experimentado em si.

Sejamos honestos! Quem de nós é totalmente livre e independente dessas normas e sistemas de relacionamento? Mais ou menos, nós nos submetemos — mesmo as personalidades aparentemente fortes — a essas diretrizes que escolhemos ou que nos são impostas. A moda e o ramo dos automóveis, os autores de livros e editoras lucram bastante com isso.

Isso só se torna problemático quando as normas externas, às quais nos sentimos obrigados, minam a nossa saúde e perturbam a nossa felicidade na vida. E, infelizmente, isso não é um acontecimento raro, e sim, a uma observação mais exata, uma causa essencial da infelicidade, sofrimento e doença na nossa sociedade.

Na sabedoria védica isso é denominado *pragya aparadh*, isto é, "erro do intelecto". Com isso se quer dizer que nós perdemos o contato com o nosso eu interior, que somos deixados na sombra pelo mundo exterior e, com isso, muitas vezes não seguimos suficientemente o próprios impulsos interiores. Nós sacrificamos as verdades eternas do próprio eu e buscamos orientação em valores externos variáveis. O que nos falta principalmente não são gêneros alimentícios, liberdades externas ou bens materiais, mas um sistema estável de valor e relacionamento em nós mesmos.

"Personalidades proativas" — fundamentadas no eu interior

Como se diferencia disso o comportamento das pessoas que são *proativas* no sentido de Covey? Elas também reagem fisicamente às influências externas e aos encontros com seu ambiente: físico, psíquico e social. A diferença decisiva está no modo *como* elas reagem e no sistema de relacionamento em que se baseiam, pois este está particularmente nelas mesmas.

Pessoas proativas são independentes, interiormente livres e preservam sua independência contra opiniões, capacidades e dogmas. Não são corruptíveis, quer por elogios, quer por agrados — também não se deixam abalar por mágoas sentimentais, confrontos ou provocações. Seu julgamento baseia-se nos próprios valores, naquilo que elas mesmas consideram correto e saudável. Por assim dizer, são "resistentes às intempéries". E elas dispõem da descontração natural própria das pessoas firmadas em si mesmas, que também podem se dar o luxo de analisar calmamente a opinião e o julgamento das outras e, quando lhes parecer certo, aceitá-los e usá-los positivamente. Por outro lado, alegram-se com uma auto-avaliação sadia, conhecem suas fraquezas e suas forças e aceitam ambas.

Tolerância e uma união construtiva

Quem tem um desses sentimentos de valor pessoal, pisa emocionalmente em terreno firme. Portanto, também continuará inabalável diante da crítica ou do tratamento injusto. Ao contrário: ele pode aceitá-los e integrá-los significativamente e usá-los positivamente para sua vida. Disso podemos reconhecer facilmente: um senso de valor pessoal natural e sadio certamente é uma base, senão *a* mais importante, para a tolerância e uma união construtiva.

Saber o que se quer e defender isso

Todos estes pensamentos hoje encontram sua queda violenta em muitos livros sobre ajuda prática à vida.

Nos últimos anos, "Não diga sim quando quiser dizer não" é um tema preferido dos livros de sucesso. Os autores reconheceram, corretamente, que a uma vida sadia, feliz e bem-sucedida corresponde uma medida saudável de autodeterminação. Mas com isso se quer dizer principalmente que devemos expressar honestamente e com tato e respeito as nossas necessidades naturais, que servem à nossa saúde e ao nosso bem-estar mental e anímico. Isso não deve ser confundido com egoísmo neurótico.

Quem cuida de si mesmo, atende às suas necessidades básicas e leva uma vida autoconsciente — isso significa ter consciência de si mesmo no sentido original da palavra — respeita os seus desejos, cuida do seu corpo e reage aos sinais da sua alma. E essa pessoa cria a partir dos seus talentos naturais, que estão profundamente escondidos no seu eu interior. Quem tem consciência das suas possibilidades e objetivos, automaticamente vive com mais saúde.

Se todos nós vivêssemos assim, provavelmente daríamos uma contribuição importante à nossa sociedade. Ela se constituiria então de pessoas predominantemente conscientes da sua saúde e de *si mesmas*. Mas isso é um paradoxo: as comunidades das modernas nações industriais na verdade têm a doença do egoísmo. Este não consiste unicamente em que nós, os seres humanos deste círculo cultural, cuidamos com exagerado amor-próprio da nossa saúde corporal e anímica, mas muito obviamente em que, desde a manhã até à noite, e muitas vezes até bem tarde da noite, nós nos preocupamos com tudo o que é possível (muitas vezes no sentido mais verdadeiro do termo), menos com o essencial, justamente nós mesmos.

Assim, milhões de pessoas diariamente negligenciam sua saúde, usam apenas uma pequena parte de suas possibilidades criativas e perdem sua sorte na vida, que com freqüência buscam com desespero ali onde não a encontrarão de modo duradouro: no mundo exterior.

Autodescoberta e iluminação

O maior ganho que podemos tirar da prática regular da Meditação Transcendental, portanto, é a autodescoberta. É a reconquista de um sistema próprio de valorização interior, uma relação de enquadramento e uma fonte de informação profunda em nós mesmos, que nos presenteia a liberdade interior, a independência mental, a autoconfiança natural (no sentido de confiarmos em nós mesmos) e uma fonte de conhecimento intuitivo. Exatamente essa experiência é descrita nas culturas ocidentais com o conceito "iluminação".

A felicidade está em você

"Volta-te imediatamente para dentro, encontrarás ali o centro ..." já dizia Johann Wolfgang von Goethe.

Sábios e santos de todas as épocas encontraram e transmitiram o caminho para a vida interior. Sua afirmação mais importante era sempre a mesma: o objetivo que procuras está em ti, no âmago mais profundo do teu ser imortal. *Procurai o Reino de Deus em vós e tudo o mais vos será acrescentado,* disse Jesus; e Angelus Silesius, o sábio da Idade Média, formulou isso de modo muito parecido: *Pára; onde quer que vás, o céu está em ti. Se o procurares em outro lugar, tu o perderás para sempre.*

Quando os sábios louvam o objetivo da vida no interior dos seres humanos, então é ali e somente ali que nós o encontraremos. A meditação, voltar a atenção para dentro, portanto, não foi um caminho direto para este objetivo somente no Oriente espiritual, mas também na Idade Média cristã ou na tradição de sabedoria dos habitantes primitivos de muitos continentes. Dessa experiência interior cresce o autoconhecimento, pois vivemos mais de nós mesmos, vivemos planos mais profundos e sutis do nosso ser, qualidades e conteúdos mais primorosos da nossa consciência e, finalmente, o mais silencioso âmbito do nosso ser. Este é imutável, não está mais sujeito às leis do espaço e do tempo. É a parte imortal da nossa personalidade. Atma, o um, o tao, o logos, o si mesmo, existem tantos conceitos para este plano obviamente tão digno de esforços em nós, como existiram e existem tradições de sabedoria e doutrinas para o caminho até lá.

O eu interior é infinito e eterno

O corpo e a mente estão sujeitos a um contínuo processo de transformação. Nosso organismo é um sistema fluente. Nossos pensamentos, sentimentos, sensações e percepções modificam-se a todo instante na mente, e também o nosso corpo constrói continuamente novas células, eliminando as antigas. Nada fica parado; o relógio da vida bate ininterruptamente e a roda do tempo gira sem parar. Só uma coisa é constante em nós, imutável, eterna, infinita: o nosso eu interior mais íntimo, portanto, aquele âmbito em nós que está além dos pensamentos, vivências e sensações e que não participa dos acontecimentos do corpo e da mente, em constante mutação. O eu interior, na terminologia védica chamado de atma, está perpetuamente descansando em si e é nossa verdadeira e única base estável de vida. Aqui é o nosso lar e o verdadeiro objetivo do nosso esforço por obter mais felicidade, satisfação e realização.

Na Charaka-Samhita, uma das maiores coleções de textos do Ayurveda, que se ocupa com a saudável e longa vida do ser humano, além das informações médicas aponta-se sempre para o mais íntimo do ser dos homens e sua natureza imortal: *o eu interior absoluto (nossa alma) não é manifesto, é o reino de todo conhecimento nesta criação e, como tal, é eterno, universal e indestrutível.*

Unido com tudo no eu interior

"*O som da terra é um pulso em nosso interior*", diz Dhyani Ywahoo, uma sábia dos indianos Tsalagi. Ela pertence a um povo em que uma confiante união com a natureza externa e o universo faz parte da experiência básica de cada pessoa. Quem se sente assim, unido com tudo, reconhece as verdadeiras leis da vida e vive sob a proteção do ser interior, no aqui e agora. Pois no âmago do eu encontramos o universo e reconhecemos: o universo é parte de nós mesmos. O profundo conhecimento de Ywahoo é: *quando você compreende o seu ser mais íntimo, você tem conhecimento de todas as coisas.*

Experiências de bem-aventurança

Experiências meditativas deste âmbito de felicidade em nós só podem ser descritas por palavras de modo incompleto. Quando no que segue damos algumas descrições de praticantes da Meditação Transcendental, que discorrem sobre sua vivência interior, estas são reproduções subjetivas. Cada pessoa as vive a seu modo. Na verdade, elas são em geral menos espetaculares, mais singelas, simples e modestas. Para muitos trata-se apenas de proteção interior, de paz, de uma percepção desperta ou da profunda descontração e proteção que sentem. Outras pessoas a vivem como amplidão e extensão da consciência, como totalidade interior que tudo abrange, assim como este praticante: *"Eu senti como se todos os fins dispersos da minha vida fossem reunidos em mim. Isso me deu uma sensação de totalidade que eu sabia que nunca me seria tirada. Eu tinha fisicamente a sensação de que estava aninhado em gigantescos braços protetores. Eu me senti banhado na luz."*

Clareza e pureza de consciência muitas vezes estão ligadas ao amor nas experiências meditativas do ser, como no caso desta pessoa: *"Eu fiz a experiência de tal pureza e totalidade que, se as expressasse em palavras, essa linguagem seria deliciosamente doce e incluiria tudo nesse doce amor."*

As experiências interiores da meditação não são vivências isoladas, limitadas ao momento da meditação, elas continuam fora da Meditação Transcendental.

"Meu coração ampliou-se incrivelmente fora da Meditação. Eu me sentia como se tivesse encerrado tudo neste tão majestoso e crescente amor e bem-aventurança. Junto com esses sentimentos veio uma grande sensação de invencibilidade."

As experiências do ser visivelmente estão acompanhadas de grande alegria interior, de paz, de luz e da sensação de abrangente totalidade. O poeta persa Iranshär captou essa experiência espiritual no seguinte poema:

Eu sou o templo da paz!
Tudo silencia e descansa em mim.
Meu corpo está quieto e descontraído.

A força criativa do silêncio me preenche.
Ela cura todos os meus sofrimentos
E me dá força e saúde.

Amor e paz, luz e alegria
Se mudam para dentro de mim e me animam todo.
Sinto em mim uma paz celestial!

Tudo silencia em mim!
Deus atua em mim!
Estou repleto do Seu amor.

Em mim ateou-se nova centelha,
Uma nova força me inunda!
Uma nova vida me percorre!

Uma nova luz me irradia!
Quero portar essa luz eternamente
E derramá-la com alegria
No coração da humanidade!

Salvação a todas as pessoas e criaturas!
Luz a todas as pessoas e criaturas!

A Força Curativa da Oração
de H. K. Iranschär

"Então veio um momento de êxtase, tão intenso, que o Universo ficou
parado, como se estivesse surpreso com a indescritível majestade
do espetáculo. Apenas um num grande universo infinito!
O Todo-amoroso, o perfeito... No mesmo maravilhoso momento daquilo
que poderíamos chamar de felicidade celestial, veio a iluminação..."

Ken Wilber, "Wege zum Selbst"

Subjetividade e objetividade

Não precisamos ter alcançado a perfeição e a iluminação na vida para nos alegrarmos com uma maior independência e autodeterminação. A Meditação Transcendental é um método prático nesse caminho e um instrumento útil e agradável para, a cada dia, nos aproximarmos um pouco mais de nós mesmos e haurirmos cada vez mais o nosso potencial. Ela nos dá a tranqüilidade e descontração de que precisamos para executar nossas tarefas diárias e ela nos abre o enquadramento de relação infinita em nós mesmos, que é a base de toda a vida. A partir dessa experiência e posição profundamente subjetivas, a pessoa que medita conquista o critério objetivo para suas experiências de vida. Ela se torna verdadeira, autêntica e "real" a partir da própria experiência.

Com isso, a vida de toda pessoa é enriquecida em todos os planos.

Como pessoa religiosa, compreendo os conteúdos e ensinamentos da minha religião com base no segundo plano da minha própria experiência espiritual. Os valores tornam-se repletos de sentido. Dogmas e teoremas da doutrina, normas artificiais perdem seu poder e não me sujeitam ao ditame de sentimentos de culpa religiosa. Eu sigo sentimentos naturais, que moram no coração de todos os seres humanos — livres de imposição e ilusão.

Na profissão, sigo minha inspiração e orientação interior e crio a partir do meu potencial infinito, que se abre para mim na meditação e me propicia novas possibilidades.

Na família e na vida privada gozo da liberdade de um sistema nervoso recuperado. Naturalmente descontraído, posso alegrar-me com o momento e seguir os desejos do meu coração.

Assumir a responsabilidade por minha vida

Por meio da autodescoberta regular na Meditação Transcendental torno-me consciente do meu caminho individual e assumo a responsabilidade pela minha vida. Experimento o significado e o alcance dos resultados das minhas ações do passado para o presente e o futuro. Nisso me ajuda a experiência da totalidade interior durante a Meditação Transcendental. Ela me liga com a vida em todo o seu alcance. A paz interior, que é um acesso natural à minha natureza cósmica, que contém toda a sabedoria, torna-se uma experiência espontânea diária.

Tampouco neste caso a Meditação Transcendental deve ser contemplada como um meio milagroso. Mas ela é um método muito eficaz e simples que torna fácil para cada um, também no barulhento mundo moderno, encontrar a si mesmo sem viver no isolamento.

> *A tarefa da Meditação Transcendental é concretizar o eterno no momento fugaz, preservar o passado desaparecido no agora como algo imorredouro, transformar o temporal em algo mais que transitório, transformar o mortal em imortal.*
>
> Maharishi Mahesh Yogi

"O sentido da vida é a expansão da felicidade."

Maharishi Mahesh Yogi

Capítulo 4

COMO DESENVOLVER E USAR TODO O POTENCIAL DA MENTE

Michael M., um técnico de seguros agora com 38 anos, desde a juventude foi doentio e cheio de medo e preocupação. Quase toda semana ele aparecia uma ou duas vezes no meu consultório, queixava-se na maioria das vezes de dores no estômago, distúrbios do sono, dores de cabeça e de que contraía todo tipo de infecção. Naquela ocasião trabalhava na mercearia dos pais. O que o atormentava mais era a idéia de não estar à altura das suas tarefas profissionais.

Na verdade, ele me dava muito trabalho; eu lhe dava toda a minha atenção, ouvia-o com paciência e lhe dava toda oportunidade para falar sobre suas preocupações e dúvidas — infelizmente com pouco sucesso! Também usamos todos os remédios vegetais possíveis para o estômago, intestinos, nervos e psique ou preparados de fortalecimento para seu sistema imunológico, inclusive acupuntura — mas o seu problema básico persistia.

Em virtude da farta documentação científica e das boas experiências que eu havia feito com pacientes com síndrome do pânico, distúrbios nervosos e doenças psicossomáticas, ofereci a Meditação Transcendental a esse paciente como método de relaxamento e introspecção. Eu via na MT algumas vantagens sobre outros métodos, como o treinamento autógeno. Antes de tudo, a maneira agradável de praticar a MT, a facilidade de aprendizado e o "não ter de desligar" me pareciam vantajosos. Além disso, essa técnica tem uma eficácia cientificamente comprovada no caso do medo e da inquietação interior.

Ele a aprendeu juntamente com sua mulher e a pratica desde esse tempo — isso foi há dez anos — regularmente e com alegria.

Desde então a sua vida mudou totalmente e sua saúde melhorou bastante! Recentemente ele voltou ao consultório, e eu lhe pedi um relato depois de tantos anos e perguntei como estava se saindo com a MT.

"Por meio da MT mantive o sistema imunológico essencialmente mais estável e me sinto totalmente sadio. Minha consciência também se modificou. Agora vejo tudo com outros olhos. Antigamente eu bebia com freqüência, hoje não preciso mais disso. Profissional e particularmente minha vida se desenvolveu de modo positivo. Troquei de profissão, agora sou vendedor autônomo de seguros. Para mim isso é digno de nota, pois apenas o pensamento de ter de exercer uma profissão independente e ainda por cima bastante insegura, antes era motivo para noites repletas de preocupação. No geral, adquiri uma nova visão da vida."

Perguntei-lhe se havia elaborado essa visão ou se a tinha aprendido? "Não, ela se desenvolveu a partir de mim mesmo. Agora também me interesso mais pelas coisas. Para mim, a MT é uma recuperação diária e me dá energia. Enfim, o meu medo original não é mais problema."

O medo — sentimento oficial da nossa época

Muitas pessoas hoje sofrem de medo. Ele impregna o nosso século. O antigo ministro do exterior norte-americano, Schlesinger, escreveu uma frase característica sobre isso: "O medo é o sentimento oficial da nossa época." Quantidades enormes de livros lidam com esse tema e a indústria farmacêutica faz anualmente e em todo o mundo um gigantesco movimento comercial com psicofármacos. Até mesmo as crianças de hoje já sofrem dos mais diversos problemas psíquicos e, segundo um levantamento científico recentemente publicado, quase uma em cada duas crianças de até 12 anos de idade já toma tranqüilizantes!

Quais são as raízes do medo?

Na medicina, o medo vale como o denominador comum de todas as doenças mentais e anímicas e, além disso, é um dos sinais psíquicos essenciais dos viciados em drogas, dos alcoólicos ou dos trabalhadores compulsivos (*workaholics*). O medo obviamente é um sentimento da vida, que vem acompanhando o homem pela sua história e cuja superação ocupa igualmente o ponto central de mitos e sagas dos heróis, contos e histórias de fadas, bem como da vida real. Para compreender o medo como última conseqüência, é preciso sintonizar-se com as suas características. O medo é por certo o sentimento de vida *mais limitador* (medo deriva do latim *angustus* = apertado). A libertação do medo é equiparada à liberação de compulsões e padrões de comportamento, à libertação de energias vitais não intuídas e ao desenvolvimento de capacidades latentes. Muitas vezes é exatamente disso que temos medo, disso que temos urgentemente de aceitar, aprender, fazer. Quem superou o medo e se curou, sabe: por trás do medo existe um sentimento incrivelmente agradável de proteção, paz, segurança e bem-estar. É exatamente como se o medo representasse uma total negação, deturpação, perversão do plano positivo da vida em nós.

> *"Já um pouco desse dharma
> liberta de grande medo."*
>
> Bhagavad Gita

Medo reduzido

Granceza do efeito (aval. por hora)

A metódica estatística da meta-análise serve à transmissão científica de resultados com especial força de depoimento de diferentes estudos de grandes quantidades de dados.

Uma meta-análise, que foi executada na universidade Stanford nos EUA com todos os estudos conhecidos à época (146 trabalhos independentes), resultou que o efeito da Meditação Transcendental era mais eficaz para eliminar o medo do que outras meditações e técnicas de relaxamento, inclusive a descontração muscular progressiva.

A análise mostrou que esses resultados positivos não deviam ser atribuídos a uma postura de expectativa subjetiva das pessoas examinadas, ao preconceito do pesquisador ou à metódica da pesquisa.

Referências:
1. *Journal of Clinical Psychology* 45 (1989); 957-974.
2. *Journal of Clinical Psychology* 33 (1977); 1076-1078.

Como a meditação profunda pode eliminar o medo?

Os cientistas que se ocuparam com os efeitos da Meditação Transcendental vêem especialmente na profunda paz e descontração a causa do bem-estar anímico e corporal da pessoa que medita. Respiração e batimento cardíaco tranqüilos, grande resistência da pele, musculatura descontraída, melhor irrigação sangüínea dos braços ou baixo fluxo de hormônios do *stress* no sangue são expressão de relaxamento e o contrário de tensão e medo. Contemplado de um plano objetivo, sem dúvida isso está certo. Porém, na nossa vivência interior, a cura de sentimentos e experiências não dominados e resolvidos é um pouco mais abrangente.

Como a pessoa que medita experimenta a sua cura interior?

Muitas pessoas descrevem as experiências da sua meditação de modo muito semelhante e escolhem palavras que em parte se parecem para descrever os processos da meditação. Um colega médico, que pratica a MT regularmente há anos, escreve:

"Eu sinto este mergulho como uma suave aquietação interior: nada de espetacular, mas algo muito agradável e regenerador. Nele eu sinto planos mais silenciosos da minha consciência como mais fluentes, como uma suave disseminação de energia benfazeja, pacífica e curativa. Pensamentos e sentimentos ou sensações corporais que surgem ao mesmo tempo são muito mais parte de uma consciência interior agradavelmente descontraída. O efeito deles não perturba.

"Em cada meditação eu percebo como impressões, emoções ou experiências do corpo, antigas ou atuais, se tornam conscientes e agradavelmente se organizam ou se dissolvem e se aquietam curativamente através de mim — sem uma intervenção intencional. Eu percebo sentimentos não-elaborados, por exemplo, um medo não-dominado, como uma qualidade e um plano na minha consciência, que *retém energia*, que fica livre no momento em que se dissolve sob a influência da paz interior.

"Eu vivo os momentos de transcendência, que podem acontecer várias vezes durante uma meditação, como se o silêncio se ampliasse e a minha consciência abrisse uma fonte profundamente tranqüila, renovadora, repleta de energia em mim, e a energia curativa fluísse no meu corpo, como luz clara que brilhasse em aposentos antes escuros."

Primeiro à fonte

Ao contrário de outros raciocínios psicológicos, que tentam curar o medo e outros problemas psíquicos, a pessoa que pratica a MT não lida direta, ativa e intencionalmente com sua vida interior. O caminho da MT — e aqui ele segue totalmente a concepção védica de cura — leva primeiro à transcendência, à felicidade interior, à fonte dos pensamentos. Nós nos movemos para além dos conteúdos e das idéias da nossa consciência, portanto, também para além do medo, da depressão ou de outros conflitos psíquicos. Nós simplesmente damos ao médico interior a possibilidade de elaborá-los e curá-los.

Assim cura o médico interior

A técnica da MT contém uma postura básica essencial para a elaboração de conflitos. O praticante de meditação aceita os pensamentos e as experiências interiores. Ele não os reprime. Assim, as impressões não-elaboradas são resolvidas suave e naturalmente e, na verdade, numa seqüência e escolha que o próprio médico interior, os mecanismos de autocura do nosso sistema nervoso determinam e controlam. A MT se distingue aqui essencialmente das técnicas mentais ou dos métodos psicoterapêuticos, que por meio da conscientização, do confronto e da vivência renovada tentam solucionar os bloqueios anímicos do passado.

O gênio em nós: o desenvolvimento do potencial total

"Quando então eu percebi aquelas vibrações cósmicas mais elevadas, eu soube que estava ligado à mesma força que inspirou aqueles grandes poetas e também Bach, Mozart e Beethoven. Então, as idéias, que eu buscava conscientemente, jorraram com tal poder e rapidez em mim, que eu só pude compreender e captar algumas delas; não fui capaz de anotar todas rapidamente; elas chegavam como raios momentâneos e desapareciam depressa, quando não as registrava no papel. Os temas, que viriam a ser um componente das minhas composições, vieram todos dessa maneira."

Johannes Brahms

A idéia genial

Dois pesquisadores norte-americanos, os biólogos Watson e Crick, conquistaram o prêmio Nobel de Medicina pela sua descoberta da hélice dupla da estrutura da substância hereditária humana, em 1962. Até esse momento, eles ainda eram uma folha em branco na crônica de professores e cientistas universitários famosos. Ainda quando estudantes, tiveram a repentina idéia genial: as duas cordas moleculares do DNA deviam ter forma de espiral. Cientistas essencialmente famosos tiveram de reconhecer, não sem inveja, que a descoberta de Watson e Crick se baseava menos no esforço e na pesquisa intensiva, mas nascera muito distante dos laboratórios — na verdade, na quadra de tênis. Watson teve essa idéia durante um jogo de tênis. Dentro de pouco tempo, e com relativamente poucos gastos, a teoria dos dois jovens pesquisadores foi confirmada em experimento científico.

A boa idéia não é nenhum acaso

Nós sabemos que as boas idéias em geral surgem exatamente quando menos contamos com elas. Obviamente, é necessário um certo afrouxamento e uma disposição descontraída de espírito para dar a palavra ao gênio em nós. Isso também tem relação com determinadas funções do cérebro. Quando dizemos: "Isso eu faço até com a mão esquerda", não se trata de uma figura de retórica, mas existe um segundo plano realista.

O artista e o cientista em nós

É conhecido o fato de que os hemisférios esquerdo e direito do cérebro têm tarefas e funções opostas. Usamos o lado esquerdo do nosso cérebro sempre que contemplamos o mundo de maneira estritamente objetiva, agimos calculando lógica e matematicamente, chamamos as coisas pelo seu nome concreto e tentamos fundamentar o nosso mundo racionalmente. Aqui, portanto, está mais o cientista no homem e na mulher, sendo que os homens têm mais tendência a usar as possibilidades desse hemisfério cerebral. Nós também poderíamos dizer: O cérebro esquerdo representa a parte mais masculina do ser humano. Ela tem a vantagem de explicar "de modo mais ajuizado" o que a parte feminina, o pensamento intuitivo, seu oposto, muitas vezes apenas sente, sem conseguir expressá-lo com palavras. Você conhece isso: você tem uma idéia formidável, sabe exatamente como funciona, mas lhe faltam palavras para descrevê-la. A metade direita do cérebro pensa sinteticamente, ela acrescenta informações isoladas a um todo, ela sente e percebe globalmente, pensa intuitivamente. Por assim dizer, trata-se do artista nos seres humanos e representa as características femininas de ambos os hemisférios cerebrais.

Juntos funcionam melhor

A pesquisa do cérebro, que nas últimas décadas lidou intensamente com as diferentes funções de diversos âmbitos cerebrais, hoje sabe que somente podemos usar todo o nosso potencial mental quando nenhum dos dois âmbitos domina, mas ambos os parceiros trabalham juntos integralmente. A famosa vivência do heureka, quando se tem uma idéia genial, resulta de um momento de sintonia da atividade dos dois hemisférios cerebrais, o direito e o esquerdo. O neurologista pode tornar convincentemente visível esse modo de função assim "determinado" do cérebro por meio das deduções de um exame EEG computadorizado.

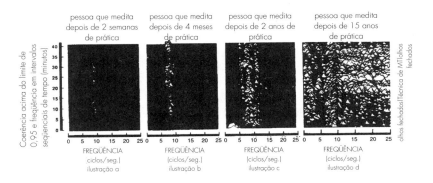

As deduções do EEG de dois diferentes pontos na cabeça mostram um grau mais elevado de coerência durante a MT, isto é, uma sobreposição simultânea de vibrações básicas. Nas ilustrações, isso é apresentado como "montanha clara". Esse aumento de coordenação neurônica desenvolve-se no decurso do tempo no caso de prática regular da meditação.
A ilustração "a" mostra a coerência numa "pessoa que medita há duas semanas". No setor de ondas alfa está em cerca de 10 hz. e mostra entre outros a calma interior obtida durante a meditação. Na ilustração "b" é apresentada a coerência do praticante depois de quatro meses. Na ilustração "c" da "pessoa que medita há dois anos" e na ilustração "d" de uma pessoa que medita há quinze anos.
Das ilustrações "a-d" pode-se deduzir que a coerência cerebral se amplia com o tempo para âmbitos maiores de freqüência e também continua depois da meditação durante a atividade diária. Isso indica estabilização da paz interior e do aumento de criatividade.

Referências:
1. Psychosomatic Medicine 46 (1984):267-276.
2. International Journal of Neuroscience 14 (1981): 147-151.

A MT sincroniza as funções do cérebro

Uma das mais conhecidas autoridades no âmbito da pesquisa do cérebro é o professor Nikolai N. Ljubimov, diretor do laboratório para neurocibernética da Academia de Ciências de Moscou. Numa pesquisa que durou muitos anos, ele lidou com todo o potencial mental possível das pessoas e conheceu ao mesmo tempo os estudos abrangentes sobre modificações do EEG durante e depois da meditação nos praticantes de MT. Já nos anos 60 foram estudados exaustivamente os surpreendentes fenômenos de sincronização das ondas cerebrais dos praticantes de MT. As pessoas que meditavam não só apresentavam nos EEG um aumento de ondas alfa e teta como também a expressão de um estado de consciência tranqüilo e alerta. O especial nisso era que havia ao mesmo tempo uma sintonia entre as atividades cerebrais do lado esquerdo e direito, anterior e posterior, bem como de partes mais profundas e superficiais do cérebro. As ondas cerebrais se comportavam em grande medida de maneira coerente, isto é, vibravam por fases como uma só onda, que se espalhava pela superfície do cérebro. O professor Ljubimov também comprovou essas modificações, que chamavam a atenção, em suas próprias análises das pessoas que praticavam a MT. Em virtude desses resultados, ele chegou à convicção de que a MT é um método mental único, para liberar "as reservas ocultas do cérebro", portanto, para desenvolver todo o potencial mental.

O gênio em nós

A partir desse segundo plano, com certeza podemos perguntar: como é possível ser um gênio? Antes de responder, convém esclarecer o que entendemos por gênio. Não é toda pessoa que pode ser um Mozart, um Bach, um Einstein ou um Goethe. Mas é claro que podemos ter mais confiança na existência de capacidades adormecidas e não usadas por nós. Todos conhecem momentos em sua vida em que realizaram coisas surpreendentes, tiveram a idéia, desenvolveram grande habilidade ou foram lendariamente "ousados". O psicólogo norte-americano Maslow, co-fundador da chamada psicologia humanista, um modo moderno de análise psicológica da pessoa e das suas possibilidades mentais, chamou esses momentos especiais na vida de um ser humano de "experiências de pico". Elas caracterizam pessoas especialmente criativas e bem-sucedidas e se deixam comparar com as experiências íntimas de pessoas espiritualizadas de todas as culturas e épocas.

Mais criatividade e alegria de viver

Criatividade, alegria interior, o desejo e a energia para crescer, expressar-se e se desenvolver são características e talentos naturais dos seres humanos. Portanto, não precisamos treiná-las! Basta somente liberar o potencial adormecido: pela demolição de padrões de comportamento e pensamento não-naturais, pela abertura de um acesso à fonte dos recursos em nós, por meio da paz, recuperação e regeneração.

A última é uma experiência que cada um de nós conhece. Depois de umas férias, de um final de semana recuperador ou de uma soneca revigorante em geral nos sentimos mais produtivos, e também a criatividade, uma

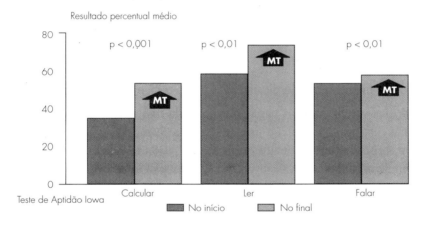

Melhores desempenhos escolares

Depois de um ano de prática da Meditação Transcendental, os alunos do curso básico, segundo o teste Iowa de aptidão, padronizado nos Estados Unidos, mostraram um aumento bastante significativo de seus desempenhos escolares no que se refere aos cálculos, à escrita e à fala. Num segundo estudo, houve um nítido aumento do desempenho em alunos do 2º grau que participaram de um teste cultural. Um terceiro exame resultou que a duração de tempo em que os estudantes praticaram a Meditação Transcendental tinha uma correlação significativa com o seu desempenho acadêmico – independentemente dos valores do seu QI.
Além disso, de uma meta-análise de 42 pesquisas independentes resultou que a Meditação Transcendental pode ser usada basicamente com mais eficácia ($p<0,0002$) para o desenvolvimento da personalidade do que outras técnicas de meditação e relaxamento. (O método estatístico da meta-análise serve para a transmissão científica de resultados com grande força de depoimento de grandes quantidades de dados de diferentes estudos).

Referências:
1. *Education* 107 (1986): 49-54 • 2. *Education* 9 (1989):302-304 • 3. *Modern Science and Vedic Science* (1987):433-468 • 4. *Journal of Social Behavior and Personality* 6 (1991):189-247 • 5. *Higher States of Human Development Perspectives on Adult Growth* (Nova York, Oxford University Press, 1990): 286-341 • 6. *Journal of Counseling Psychology* 19 (1972): 184-187.

nova sede de conhecimento, alegria de viver e sede de atividade nos fazem cumprir nossas tarefas de modo bem diferente.

Com a MT, nós chegamos à fonte de toda a criatividade e energia em nós mesmos de modo natural e agradável.

De fato, trata-se de uma experiência diária: depois de uma meditação profunda, saímos renovados, revigorados e animados. É como mergulharmos num poço da juventude, cujas águas são refrescantes e repletas de energia e força curativa.

Um artista de cabaré, muito bem-sucedido, conhecido por um público de milhões de pessoas na Alemanha, medita há dezesseis anos e atribui seu sucesso profissional essencialmente à MT:

"A MT é o melhor método de relaxamento para mim, antes de eu pisar no palco, para chegar à tensão correta. Além disso, da calma que adquiro com a MT, tiro a minha inspiração para novas idéias. Sou realmente grato a essa técnica simples. Ela tem grande participação no meu sucesso. Com esta técnica, meus desejos profissionais realizaram dez vezes mais coisas do que eu jamais poderia sonhar."

A utilidade prática na vida diária

Quando nos dedicamos às capacidades ainda não exploradas do nosso sistema nervoso, logo acontece uma grande ruptura. Além disso, parece que podemos aproveitar essencialmente as possibilidades que a meditação (MT) nos abre também no contexto da vida diária. Assim como para Anja, uma ginasiana para a qual a MT foi útil nesse sentido. Ela nos escreveu: "Eu era uma aluna mediana. Depois de aprender a MT fiquei realmente boa e me diplomei com a 'melhor' nota. Antes, isso não teria sido possível."

Calma e atividade são os degraus do progresso

Tenhamos definitivamente consciência de que todos os processos de desenvolvimento, também e antes de tudo os mentais, ocorrem em ritmos e ciclos naturais e estão sujeitos às leis do tempo. Ainda não caiu nenhum mestre do céu. Calma e atividade são os degraus do progresso. Por meio do mergulho regular em nós mesmos, podemos usar melhor as nossas possibilidades mentais e usá-las significativamente na vida diária.

O fotógrafo das estrelas, Peter Lindberg, aproveita a MT desta maneira: "Quando a praticamos durante anos, isso já exerce uma influência enorme sobre a personalidade. Em si mesma, a técnica é simples. Você se senta todas as manhãs durante vinte minutos, fecha os olhos e pensa no seu mantra. Isso afugenta os seus pensamentos e sentimentos, e você sente uma calma profunda. É incrível a força que isso tem."

O desenvolvimento do potencial da mente é comprovado cientificamente

Numerosos exames, nos últimos quarenta anos, de fato comprovaram que a MT melhora as capacidades mentais. Alunos e estudantes conseguem concentrar-se melhor, aprendem mais depressa e com mais facilidade e aumentam o seu nível de inteligência. Também as notas dos exames finais melhoram muitas vezes dramaticamente, os alunos e estudantes aprendem com mais alegria e a sua criatividade aumenta. Nisso parece importante que os talentos unilaterais são harmonizados em favor de um uso mais equilibrado. O artista e o cientista no ser humano, o pensamento racional, movido pela razão e o sentimento intuitivo, são visível e harmoniosamente desenvolvidos e desdobrados com esse método de meditação.

Resumo

A MT é uma meditação eficaz e agradável, que pode eliminar as causas do medo e de outros distúrbios anímicos com o uso regular, bem como servir como método de apoio para as medidas médicas necessárias. Ela leva a uma integração das funções cerebrais e desenvolve o potencial mental não explorado. Por essa razão, a literatura científica abrangente mostra que a Meditação Transcendental desenvolve positivamente a personalidade total, por exemplo, proporcionando:

- ➡ Paz profunda e relaxamento na mente e no corpo
- ➡ Mais felicidade íntima
- ➡ Maior estabilidade psíquica
- ➡ Mais otimismo
- ➡ Mais energia
- ➡ Eliminação dos medos
- ➡ Menor necessidade de intervenção do médico por causa de doenças psíquicas e redução do uso de psicofármacos
- ➡ Maior contentamento com os contatos
- ➡ Menor tendência à depressão
- ➡ Aumento de tolerância e auto-avaliação positiva

➡ Maior valorização dos outros
➡ Crescente alegria de viver
➡ Mais harmonia com o parceiro conjugal

Comparação dos processos de relaxamento

A literatura científica que se ocupa com os efeitos da Meditação Transcendental sobre diferentes características da personalidade é hoje muitíssimo abrangente e por isso tem muita força de testemunho. Numa meta-análise, feita na Universidade de Stanford, nos Estados Unidos, com os quase 150 estudos independentes disponíveis na época, a MT saiu-se perceptivelmente melhor no seu efeito de eliminar o medo do que outros métodos de relaxamento e meditação, inclusive os de descontração muscular progressiva. A análise mostrou também que esses resultados positivos não podiam ser atribuídos à postura subjetiva de expectativa das pessoas examinadas, aos preconceitos do experimentador ou à metódica do experimento.

> *"Estudos psicológicos fundamentados mostraram que as pessoas que praticam a Meditação Transcendental têm uma autoconsciência maior e uma espontaneidade mais elevada. Com o programa da MT, as personalidades tornam-se mais criativas e inovadoras."*
>
> **Göran Ekvall**, professor de psicologia aplicada, Universidade de Lund, na Suécia

> *"Os nossos próprios exames científicos em praticantes da Meditação Transcendental deram fortes indicações de que as pessoas que usam essa técnica mental melhoram significativamente suas capacidades cognitivas."*
>
> **Veda Demarin,** professora de Neurologia, médica-chefe do setor neurológico da Uni-Klinikum em Zagreb, na Croácia

"A Meditação Transcendental leva a modificações nas ondas cerebrais, como as que encontramos em pessoas muito criativas. Como a MT tem essa capacidade, todos deveriam praticá-la."

Professor Nikolai N. Ljubimov, diretor do laboratório de neurocibernética na Academia de Ciências de Moscou

"A Meditação Transcendental comprova-se claramente como o mais eficaz método de meditação existente para superar o stress e o medo."

Dr. Kenneth Eppley, pesquisador no Stanford Research Institute, nos Estados Unidos

A Meditação Transcendental também é um dos mais eficazes e bem examinados raciocínios terapêuticos na execução da pena.

"Meu laudo sobre a Meditação Transcendental mostrou-me que ela é um meio extraordinário para criar um senso de valor pessoal, autocontrole e força de resistência em nós mesmos. Uma falta dessas qualidades é o principal fator da criminalidade juvenil. Demonstrou-se que um número significativo de jovens passíveis de penalidade poderia evitar a recaída no crime, à medida que aprendessem e praticassem a MT."

Juiz David Mason, de St. Louis, nos Estados Unidos

*"Saúde não é tudo,
mas sem saúde tudo é nada."*

Schopenhauer

Capítulo 5
MENTE SÃ EM CORPO SÃO

Quando perguntamos aos participantes dos cursos básicos de MT os motivos que os levaram a desejar aprender essa técnica de meditação, mais de 50% afirmam esperar ter uma saúde melhor por meio da prática da MT. Como a MT pode fazer isso?

Pela explicação do modo de ação da MT apresentado até aqui, já podemos reconhecer que ela nos coloca em contato com o âmbito mais íntimo da nossa existência. Esse âmbito é o plano do equilíbrio interior, que atinge igualmente a mente e o corpo. Aqui está a base para a boa saúde.

Os textos infinitos da medicina védica definem a saúde como *svasthya* — que literalmente traduzido quer dizer: *firme no próprio eu interior*. Como a Meditação Transcendental possibilita exatamente essa ligação retroativa com o próprio eu interior, aí está a tentativa de explicar a visível melhora da saúde por meio da meditação regular.

Além disso, muitos exames científicos nos últimos 35 anos transmitiram provas convincentes dos efeitos básicos da MT na estimulação da saúde. Do ponto de vista da medicina, a causa essencial desses efeitos é vista na profunda calma física que se instala durante a MT. As correspondências fisiológicas desse extraordinário relaxamento gerado pela meditação já foram suficientemente pesquisados no final dos anos 60. Os resultados essenciais dessa pesquisa abrangente serão apresentados aqui:

Estágios de calma durante a Meditação Transcendental

Modificação da freqüência respiratória e do consumo de oxigênio (ambos controlados pelo sistema nervoso vegetativo) são parâmetros para um estado de descontração único por meio da MT. Durante um sono profundo de várias horas, o consumo de oxigênio cai cerca de 10%, mas durante a MT, em tempo menor, ele se reduz até mesmo em 20%. Se analisarmos a curva do fôlego (espirograma), podemos constatar principalmente nas pessoas em estágios avançados de meditação, que elas demoram vários segundos para tomar fôlego outra vez. Essas pausas involuntárias de respiração acontecem principalmente quando a pessoa sente uma profunda descontração e tranqüilidade subjetivas durante a Meditação Transcendental, portanto, nos momentos da experiência da transcendência.

Aumento dos "hormônios da felicidade", Eliminação dos hormônios do *stress*

O efeitos da descontração profunda regular dos praticantes da MT sobre o sistema hormonal e substâncias mensageiras foram observados em dois planos: diminuem sensivelmente os hormônios do *stress*, como a cortisona e a adrenalina, e não só durante a MT, mas também depois da meditação e no dia-a-dia. Ao mesmo tempo, aumentam as substâncias semelhantes aos hormônios que são associadas pelos pesquisadores à descontração, ao bem-estar e ao equilíbrio entre a mente e o corpo. Entre essas substâncias temos, por exemplo, a serotonina e a melatonina.

Pesquisa da consciência: um novo desafio para a ciência

Um reconhecimento científico do passado recente é que a meditação tem efeitos físicos mensuráveis; os pesquisadores inspirados pelo Maharishi Mahesh Yogi tiveram e têm participação essencial nessa pesquisa. Durante séculos, a meditação foi considerada algo "metafísico", portanto, algo que não pertencia ao corpo. Em 1968, surgiu a primeira dissertação sobre as modificações mensuráveis durante e depois da prática da meditação transcendental no corpo humano. O autor desse trabalho pioneiro foi o Dr. Robert Keith Wallace.

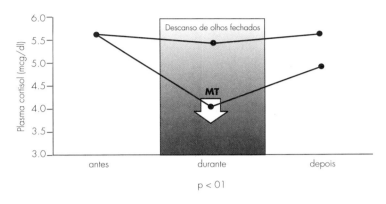

A hidrocortisona é um hormônio do *stress*. Este estudo mostra que o teor de hidrocortisona no sangue cai durante a Meditação Transcendental e continua mais baixo também depois da MT. No descanso comum de olhos fechados não acontece nenhuma mudança significativa.
Literatura: "Adrenocortical activity during Transcendental Meditation", *Hormones and Behavior* 10 (1): 54-60, 1978

Desde então foram publicados mais de seiscentos estudos acadêmicos sobre os efeitos da MT, muitos deles também sobre os efeitos concretos de determinados quadros mórbidos.

A partir da literatura médica e da prática diária, sabemos que uma porcentagem elevada de todas as doenças tem origem psicossomática, portanto, que um desequilíbrio no âmbito mental e anímico leva a males corporais e, em última análise, também às doenças (os dados variam de 50 até 90% de todas as doenças). Com isso, queremos mencionar um grande número de males que subjetivamente levam à limitação clara do bem-estar, mas que não podem ser detectados pelas medidas modernas de diagnóstico como a tomografia computadorizada, o ultra-som, os testes de laboratório etc. Todo médico tem em seu consultório inúmeros pacientes que sofrem desse mal. Eles contam como o aborrecimento ataca o seu estômago, o medo faz o seu coração acelerar ou a insegurança paralisa a mente e o corpo. Apesar de suas queixas, essas pessoas muitas vezes não são levadas a sério e não são tratadas, enquanto não surge alguma doença orgânica. Sem dúvida, o comentário de que os males são "apenas psíquicos" não é nenhum consolo para as pessoas envolvidas.

> *"No ano de 1970, R. K. Wallace publicou um artigo na conhecida revista* Science *sob o título "Physiological Effects of Transcendental Meditation" [Efeitos Fisiológicos da Meditação Transcendental]. As pesquisas de Wallace, que posteriormente foram comprovadas por outros cientistas, mostraram que no estado meditativo surgem mudanças muito reais e às vezes dramáticas na fisiologia do corpo, que vão desde o metabolismo até as ondas cerebrais. Com base nesses dados suscetíveis de reprodução, Wallace chegou à conclusão de que o estado meditativo é um "quarto estado de consciência" e que é tão real como o estado desperto, o estado de sonho e o estado de sono profundo (porque, entre outras coisas, em todos os quatro estados o ECG oferece quadros de curvas características). Esse trabalho de pesquisa possivelmente fez mais pela legitimação do estado meditativo (ao menos no Ocidente) do que todos os Upanhishades juntos, pois mostrou com clareza que a meditação, seja lá o que ela ainda possa ser, não é somente fantasia subjetiva, devaneios diurnos ineficazes ou um transe letárgico. Ela provoca mudanças dramáticas e recapituláveis em todo o organismo, principalmente no cérebro, que é considerado a sede da consciência."*
>
> **Ken Wilber** sobre a pesquisa da meditação
> do Dr. Keith Wallace

A MT é uma terapia básica

Em virtude da nossa prática de longos anos, podemos recomendar a Meditação Transcendental em cada estágio da doença. Os pacientes que sofrem de doenças orgânicas, aproveitam a paz profunda que a MT lhes proporciona e que mobiliza as suas forças de autocura. Por outro lado, a MT ataca as raízes dos males psicossomáticos.

A seguir, apresentamos alguns quadros mórbidos, nos quais pudemos observar efeitos muito favoráveis da MT na nossa prática diária e que também são analisados cientificamente.

Hipertensão

A hipertensão pertence aos quadros mórbidos que constituem um desafio especial para os médicos. Para a maioria dos pacientes, a "doença" ocorre sem nenhum sintoma, mas no entanto há grandes riscos associados à hipertonia. Se a pressão estiver apenas um pouco acima da normal, aumenta bastante a possibilidade de a pessoa vir a sofrer de graves males cardíacos e da circulação. Cerca de vinte milhões de pessoas nos países de língua alemã — portanto, cerca de um quarto da população —, apresentam pressão alta; ainda hoje mais de 50% de todos os casos de morte podem ser atribuídos a doenças do coração e da circulação sangüínea.

Mais de 90% de todos os pacientes hipertensos têm inclusive uma assim chamada "hipertonia essencial", ou seja, uma elevação da pressão sangüínea que não está condicionada às mudanças orgânicas dos vasos sangüíneos, dos rins ou glândulas hormonais. A terapia padrão da medicina moderna nesse caso é um tratamento medicamentoso durante toda a vida; mas somente cerca de 20 a 30% de todos os pacientes que têm hipertensão tomam seus remédios regularmente. Por quê? A resposta é óbvia. Muitos deles sofrem menos com sua doença do que com os efeitos colaterais das pílulas! Estas podem apresentar de cansaço a distúrbios da potência, de dores musculares e tosse crônica a danos ao músculo do coração.

O *stress* faz a pressão sangüínea subir

Como o *stress* e outros fatores psicossociais desempenham um papel essencial na hipertonia essencial, a Meditação Transcendental oferece-se como alternativa ou complemento da terapia tradicional. O *stress*, a pressão interna, os movimentos da rua, os problemas não resolvidos, as situações emocionais extremas na profissão e na família, a ambição mal compreendida ou o excesso de trabalho põem em andamento um constante "reflexo de fuga da luta" no nosso sistema que, em última análise, pode levar ao aumento da pressão sangüínea. Quando a pessoa atingida volta a recuperar a capacidade natural de continuar descontraída e calma numa situação como essa, existem as melhores perspectivas de uma melhora ou normalização da pressão. Nos praticantes da MT, muitas vezes foi constatada uma adequação notável nos impulsos do *stress* logo nas primeiras semanas depois das instruções de meditação.

Sinais fisiológicos de calma profunda

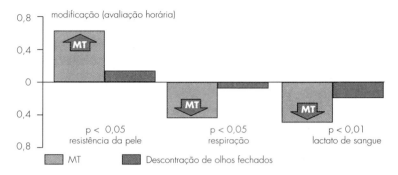

Uma meta-análise(*) de diferentes exames científicos resultou que a técnica da Meditação Transcendental, se comparada com uma fase normal de descanso de olhos fechados, obtém uma elevação significativa da resistência da pele. Isso mostra uma calma muito profunda durante a meditação. Em comparação com a fase de recuperação costumeira de olhos fechados, durante a meditação foi possível constatar um aumento essencialmente mais intenso da freqüência respiratória, o que por sua vez indica um estado extraordinário de profunda paz e descontração interior. Essas modificações fisiológicas surgem espontaneamente quando a mente chega sem esforço à experiência do estado de vivacidade tranqüila: consciência transcendental.

(*) O método estatístico da meta-análise serve à transmissão científica de resultados com especial força de testemunho de grandes quantidades de dados de diferentes estudos.

Referências:
1. *American Psychologist* 42 (1987):879-881
2. *Science* 167 (1970):1751-1754
3. *American Journal of Physiology* 221 (1971):795-799

Alívio em crises de hipertensão sangüínea

Em nossas práticas, já vivemos muitas vezes situações como esta: a Sra. Dora G., de 65 anos, nos últimos anos vem apresentando valores cada vez mais altos de hipertensão sangüínea e os médicos residentes prescrevem doses cada vez maiores de medicamentos contra o mal. A cada pílula adicional ela se sente pior e, apesar disso, continuam as crises de hipertensão, que tornam necessária a prescrição de novos medicamentos. Quando a sua filha única adoeceu com um câncer do sangue e das glândulas, a sua pressão arterial ficou totalmente fora de controle. Depois de muito vai-e-vem, ela decidiu finalmente aprender a Meditação Transcendental. Logo nos primeiros dias, ela se sentiu melhor; depois de cerca de três meses não tem mais crises de hipertensão sangüínea, depois de seis meses ela passa bem com uma única pílula de pequena dosagem para o sangue por dia e está muito feliz: "Os muitos pensamentos negativos que me perturbavam antigamente, sumiram como que levados pelo vento, e não tenho mais esses estados de esgotamento."

Efeitos colaterais positivos

O Sr. Walter M., de 45 anos, tinha de tomar um remédio para hipertensão, porque continuamente eram medidos valores acima de 150/100. Mas o Sr. M. resiste. "Será que não há outra possibilidade além das pílulas?"

A sugestão de aprender a MT foi aceita com gratidão. Depois de mais ou menos três meses, a pressão arterial dele está dentro da normalidade — sem pílulas. E também o Sr. M. sente "efeitos colaterais positivos": "Adormeço mais depressa e acordo mais descansado pela manhã. Além disso, meus cigarros não têm mais sabor!" Duas semanas depois ele não teve problemas para abandonar o fumo.

Conforme consta, não sentiu nada

O rabugento Sr. G., de 60 anos, aposentado há um ano, ficou alegre com o primeiro efeito bem-sucedido duas semanas depois de aprender a MT. "Como foi a meditação?", perguntei-lhe. "Não senti nada."

"O que aconteceu então nas duas semanas?", "Absolutamente nada!" "E como estava a pressão arterial?", "Estava normal."

"O senhor tomou as suas pílulas?". "Não, naturalmente não as tomei mais. Há duas semanas a pressão está normal!"

Numerosos estudos confirmam a eficácia

A experiência que fizemos com os nossos pacientes hipertensos coincide amplamente com os resultados da pesquisa sobre Meditação Transcendental e pressão alta. Desde meados dos anos 70, existem cerca de trinta publicações nesse campo. Como acontecimento científico, que não só foi publicada na famosa revista médica *Hypertension*, da Sociedade Americana de Cardiologia, mas também se tornaram conhecidos por meio da imprensa, estão os trabalhos dos professores Dr. Alexander e Dr. Schneider, dos Estados Unidos. Essa equipe de pesquisadores teve sucesso pela primeira vez em provar o efeito de um tratamento não medicamentoso da hipertensão, exatamente da Meditação Transcendental, segundo os rígidos critérios da ciência moderna num estudo aleatório (isto é, em grupos de estudo escolhidos por acaso).

A MT é tão eficaz quanto os remédios para a pressão arterial

O resultado desse estudo em negros norte-americanos — um grupo populacional que em geral é muito difícil de tratar e que sofre de hipertensão — foi surpreendente para os cientistas: depois de mais ou menos três meses de MT, a pressão caiu mais ou menos na mesma medida que com um remédio suave contra a pressão alta. Porém, com uma diferença essencial: os testados relataram "efeitos colaterais positivos", como mais energia e um sentimento positivo de vida. Um participante do estudo, de 62 anos, conta: "A MT modificou toda a minha vida. Minha pressão caiu cerca de 14 pontos, e posso dizer que me sinto continuamente descontraído e saudável!"

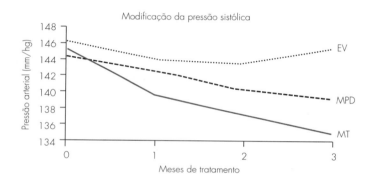

Num experimento clínico com cidadãos negros mais idosos dos Estados Unidos (em média 66 anos de idade) a Meditação Transcendental (MT) foi comparada com o método progressivo de descontração muscular (MPD). Um outro grupo de comparação participou de um programa de educação para modificação do estilo de vida (EV), sem praticar nenhuma técnica de descontração. A Meditação Transcendental diminuiu a pressão sistólica e diastólica durante o tempo da experiência de três meses, duas vezes mais do que o método progressivo de descontração muscular e sete vezes mais do que o programa de educação.
Literatura: A Randomized Controlled Trial of Stress Reduction for Hypertension in Older African Americans. Volume 28:2,1996, 223-227.

MT mais eficaz do que o relaxamento de Jakobson

Nesse estudo também foi possível mostrar que a MT diminui mais eficazmente a hipertensão do que outros métodos de relaxamento. Em comparação com o relaxamento muscular progressivo de Jakobson, um procedimento conhecido de relaxamento, a MT foi duplamente mais eficaz. Ela diminuiu a pressão arterial sete vezes mais do que uma mudança objetiva-da do estilo de vida e alimentação.

As autoridades sanitárias norte-americanas (National Institute of Health) ficaram tão impressionadas com esse resultado que investiram mui-tos milhões de dólares em novas pesquisas nesse campo.

Resumo:

Segundo a pesquisa científica:

➡ No caso de hipertonia (hipertensão motivada pelo *stress*) a Meditação Transcendental é igualmente eficaz como um medicamento suave para a re-dução de pressão arterial, sem contudo apresentar efeitos colaterais nocivos e com muito menos custos do que a terapia medicamentosa convencional.

➡ Conforme a nossa experiência, de acordo com o grau da doença os pacien-tes com hipertonia podem esperar os seguintes efeitos da MT: no caso de doença leve é possível um ajuste suficiente da hipertensão muitas vezes só com a MT. Com isso, chega-se a uma economia essencial de medicamentos para reduzir a pressão. Em casos muito graves, nos quais o tratamento medi-camentoso foi insatisfatório até então, foi apresentada ao menos uma melhor sintonização da hipertonia com os valores normais por meio da MT.[1]

Doenças cardíacas e circulatórias

"Largue o fumo, reduza o consumo de gorduras e torne-se fisicamente ativo!" Essas são recomendações dos cardiologistas da Europa. Com isso, na verdade eles não anunciaram nenhuma nova mensagem no maior congresso científi-co até então, em agosto de 1998, pois há anos se sabe de tudo isso e, no en-tanto, apenas poucos pacientes cardíacos de risco obedecem a esses conselhos. Por isso, somente na união européia mais de 1.500.000 pessoas por ano mor-rem de doenças cardíacas; apesar do esclarecimento pela mídia e dos métodos de tratamento — cada vez mais caros —, a mortalidade continua subindo.

---

1. No nosso livro *Ayurveda bei Bluthochdruck und Herz-Kreislaufkrankheiten* [Ayurveda na hi-pertensão e nas doenças cardíacas e circulatórias], no volume "So heilen wir wirklich" [As-sim curamos realmente], da editora Orbis, descrevemos ao leitor interessado outras possibi-lidades de tratamento do sistema integral de cura do Ayurveda de Maharishi.

Conforme o resultado do acima mencionado congresso, 80% desses casos de morte poderiam ser evitados pela simples mudança dos hábitos de vida.

Por que as pessoas ameaçadas não fazem isso? Será que essas recomendações são muito difíceis de seguir?

De modo nenhum. Os motivos são bem diferentes: as pessoas estão tão estressadas, estão tão envolvidas com suas atividades diárias, que elas precisam de pequenas, porém perigosas desculpas para poder de fato gozar diariamente de alguns minutos: o cigarro depois do café, algum doce no intervalo, um almoço farto (e, com isso, rico em gorduras) para se tranqüilizarem um pouco, uma noite agradável diante da televisão para esquecer o dia-a-dia, em vez de fazer ginástica.

Você não quer renunciar a nada disso quando medita? E não precisa! Como muitas outras pessoas, você também poderá constatar que ficará mais calmo com apenas quinze a vinte minutos diários de MT. Esse também pode ser um motivo para fumar alguns "cigarros do *stress*" a menos. E então você verá que seu corpo reage de modo bem diferente aos "prazeres" que, na verdade, lhe são nocivos. Pode acontecer de o cigarro não ter mais o gosto tão bom de antes, de a comida pesada de repente tornar-se de fato pesada ou de um passeio noturno ao ar livre lhe parecer mais interessante do que uma noite diante da televisão.

Assim sendo, com a ajuda da meditação transcendental, sem esforço e muitas vezes sem perceber, você modifica seus hábitos de vida e consegue atender às recomendações dos cardiologistas. Com isso, a MT cumpre exatamente os desafios da medicina moderna no que se refere à prevenção.

E a MT também é igualmente eficiente na reabilitação de doenças cardiovasculares, entre as quais constam o **enfarte cardíaco**, o **ataque de apoplexia** e os **distúrbios da circulação do sangue** dos braços e das pernas.

Com a MT veio a transformação

A Sra. Doris K., uma atraente funcionária de banco com cerca de 50 anos, contou, gaguejando um pouco:

"Tive um enfarte cardíaco e dois ataques de apoplexia. A paralisia em metade do meu corpo melhorou nitidamente depois de dois anos de reabilitação, mas ainda sofro muito com meus distúrbios de fala. Quanto maior a tensão, tanto mais difícil se torna para mim achar as palavras certas. Mas tive sorte e ainda estou viva, e meu empregador continua confiando em mim. Por que tudo isso aconteceu? Simplesmente, devido ao *stress* demasiado, ao fumo excessivo. Eu fazia tudo com perfeição demais, e levava tudo para o lado pessoal. Aprendi a MT porque de repente a minha reabilitação não fazia nenhum progresso. Com a MT foi "um progresso atrás do outro": consegui dormir muito melhor e sem medicamentos, meus remédios para a hipertensão em poucas semanas foram reduzidos à metade pelo médico, e o mais bonito é que a fala também flui melhor. Também não me deixo estressar tão facilmente, posso lidar com tudo de modo mais calmo. Apesar das horríveis conseqüências da minha doença, agora posso ver o futuro de modo positivo outra vez."

Boa circulação sangüínea nas pernas

O Sr. Joseph F., de 60 anos, aposentado há pouco tempo, sofre de distúrbios circulatórios nas pernas. "Desagradável não é só o fato de eu ter dores depois de curtos trechos de caminhada. O que mais me perturba é a sensação de frio nas pernas. Por isso não consigo sentar-me quieto durante muito tempo e também não consigo adormecer. Mal pude acreditar quando já nas minhas primeiras experiências com a MT surgiu uma sensação de calor nas pernas."

Essa sensação de calor deve-se à melhor irrigação sangüínea durante a prática da meditação. Pesquisas puderam comprovar que o fluxo sangüíneo nas extremidades aumenta em cerca de 20% durante a MT e que ele também permanece melhor depois da meditação.

Alívio do coração

O efeito da MT sobre os pacientes que sofrem de **Angina Pectoris** (dores no coração causadas pelo estreitamento dos vasos do coração) e/ou que sobreviveram a um **enfarte cardíaco**, foi muito bem analisado. Pôde-se constatar que os pacientes cardíacos que meditam conseguem suportar mais agravos corporais, sem que as dores do coração ou as modificações sejam comprovadas no ECG. Muitos motivos são atribuídos a essas modificações positivas: diminuição ou normalização da pressão arterial alta demais, dilatação direta dos vasos cardíacos, normalização do teor de colesterol, mais força cardíaca e, finalmente, a eliminação dos radicais livres pela MT.

A questão do sentido da vida

Um acontecimento agudo como um ataque de angina ou um enfarte cardíaco sempre está associado a um enorme medo e às dores — portanto, a sensações que levam o atingido a rever a sua vida e a perguntar: "Por que isso aconteceu justamente comigo? O que fiz de errado?" Exatamente nessa situação de vida, muitas vezes estamos abertos para um regresso e para respostas sobre a questão do sentido da vida. Quem então tomar a decisão de abrir-se a novas idéias e conceitos como os oferecidos, por exemplo, pelo Ayurveda de Maharishi, ou que na meditação fizer a experiência direta de lidar com o próprio eu interior na forma mais simples de consciência, muitas vezes dá um grande passo na direção da cura. O recolhimento ao próprio eu por meio da experiência do silêncio profundo na Meditação Transcendental e a compreensão dos princípios integrais de uma vida em sintonia com as leis da natureza abrem um novo ângulo de visão e dão respostas às perguntas fundamentais sobre a vida.

Abertura para modificações profundas na vida

Um exemplo de uma transformação como essa é a do Sr. Johann D., de 50 anos, que era responsável pela coordenação dos serviços externos e a elaboração das reclamações de uma grande empresa. Constantemente ao telefone, e sempre sob pressão de tempo, há alguns anos ele sofria de hipertensão. Então, em situações especialmente estressantes, sentia dores leves no coração e um aperto adicional no peito — até que certo dia, no escritório, surgiram dores agudas na parte esquerda do peito que se irradiaram para o braço esquerdo — enfarte do coração. Medidas de emergência no hospital salvaram sua vida, e depois de algumas semanas no hospital e no centro de reabilitação, ele pôde voltar para casa, ainda fraco demais para assumir sua atividade anterior. Ele caiu no buraco profundo da depressão — sem trabalho, a sua vida lhe parecia totalmente destituída de sentido. Nessa situação, ele aprendeu a Meditação Transcendental. Com muito mais clareza do que nos outros métodos de relaxamento que aprendera no centro de reabilitação, ele viveu uma satisfação e equilíbrio interiores. Quando retomou seu trabalho depois de alguns meses, ele percebeu que cada fibra do seu corpo resistia a entrar novamente no mesmo moinho. Algumas semanas depois, ele comprovou o surgimento dos mesmos sintomas de pouco antes do enfarte cardíaco. Será que ainda deveria arriscar uma mudança de profissão aos

50 anos? Ele fez isso — e está feliz. Logo depois de encerrar sua carreira de gerente executivo, os seus males cessaram. Ele se sente realizado com sua nova tarefa, que lhe oferece uma responsabilidade totalmente nova, mas também uma satisfação muito maior. Ele aceitou sem titubear uma pequena redução nos rendimentos como algo inevitável — mas lucrou muito em qualidade de vida.

Resumo

➡ A Meditação Transcendental é *a* medida preventiva ideal para doenças do coração e da circulação sangüínea. Estudos mostram que os praticantes de MT apresentam uma redução de até 87% na possibilidade de adoecer! Não se conhece nenhuma outra medida preventiva que apresente resultados semelhantes; apenas aproximadamente tão positivos.

➡ Em muitas pessoas, a Meditação Transcendental exerce uma influência favorável sobre todos os fatores de risco nas doenças cardíacas e circulatórias: hipertensão, fumo, obesidade e altos teores no sangue (colesterol), *stress* e comportamentos que ameaçam a saúde.

➡ A MT é eficaz na reabilitação de doenças cardíacas e circulatórias com conseqüências tardias, isto é, enfarte cardíaco, ataque de apoplexia e distúrbios de irrigação sangüínea.

Distúrbios do sono

A história de Martha W., uma bibliotecária solteira de 30 anos, parece inacreditável. Depois de realizar suas próprias tarefas, há quase um ano ela não conseguia dormir mais do que uma hora por noite e sentia-se "no fim das forças". Atendendo ao conselho de uma conhecida, que também havia sofrido de insônia, ela resolveu fazer um curso de MT. Na noite de sábado ela veio para a instrução pessoal. Dentro de alguns minutos, depois que mergulhou na sua primeira meditação, eu nem quis acreditar nos meus ouvidos: ouvi ruídos de respiração que só fazemos quando dormimos sentados: "Acho que dei uma cochilada!", me disse Martha depois. "Isso foi errado?" — "Não, na meditação nós recebemos aquilo de que mais precisamos; no seu caso, o sono!"

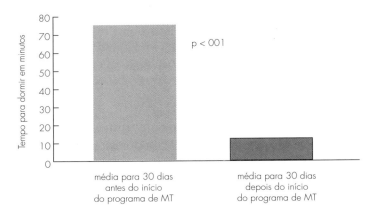

Resultado: O programa da Meditação Transcendental encurtou significativamente o tempo que as pessoas que sofriam de distúrbios do sono levavam para adormecer. Como terapia contra distúrbios do sono, o programa de MT provou ser facilmente aplicável, imediato e duradouramente eficaz e sem efeitos colaterais desfavoráveis.
Interpretação: A técnica da Meditação Transcendental soluciona diretamente de modo fisiológico o *stress* profundamente acumulado no sistema nervoso. Conseqüentemente, ela atrai um amplo espectro de efeitos favoráveis, sem a necessidade de a pessoa dedicar uma atenção especial a algum plano. O efeito aqui apresentado – maior regularidade do ciclo do sono – comprovou ser estável durante o tempo de observação, o primeiro ano de prática da MT. Os resultados dessa análise expressam uma estabilização dos ritmos biológicos básicos e, com isso, de uma normalização integral das funções fisiológicas.
Referências: Donald E. Miskiman, "The Treatment of Insomnia by the Transcendental Meditation Program". (University of Alberta, Edmonton, Alberta, Canadá, 1972). Publicado em Scientific Research on the Transcendental Meditation Program, Collected Papers. Vol.1, 1976.

Na tarde seguinte ela chegou tarde demais para o seminário de MT: "Desculpem, mas perdi a hora!" Ela estava visivelmente contente de recuperar o que lhe havia feito tanta falta nos últimos meses.

Distúrbios do sono: uma em cada quatro pessoas sofre disso

Distúrbios para adormecer e durante o sono fazem parte dos sofrimentos especialmente freqüentes e desagradáveis das pessoas. Cerca de 25% da população é atingida por eles. Não se sentir descansado paralisa o nosso sucesso no dia-a-dia: a mente fica obtusa, o pensamento é preguiçoso e lento, o corpo pesa como chumbo. Mais ou menos três milhões de pessoas com distúrbios do sono nos países de língua alemã não conseguem suportar esse estado e tomam regularmente soníferos e tranqüilizantes. A maioria delas é (ou será, mais cedo ou mais tarde) dependente deles.

Causas dos distúrbios do sono

Na literatura científica são contadas cem causas dos distúrbios do sono; o espectro das causas possíveis vai desde a inquietação interior, passa por vias respiratórias entupidas e chega aos distúrbios do ritmo cardíaco. Os médicos se queixam de que muitas pessoas deixam seus distúrbios do sono sem tratamento. Mas, assim como acontece na hipertensão, certamente também aqui a taxa de males que são atribuídos à inquietação interior, ao *stress*, "ao não poder desligar-se" é muito alta e, por isso, eles não podem ser curados com medidas físicas e medicamentosas, mas apenas disfarçados. Além disso, os pacientes temem — e com razão — o efeito do hábito no caso das pílulas para dormir, o que os faz lançar mão de doses cada vez maiores para provocar o efeito desejado.

A MT traz de volta o sono natural

Em nossa prática médica, pudemos constatar um padrão de sono essencialmente melhor em muitos pacientes que iniciaram a MT. Isso coincide com os resultados de uma análise científica da Meditação Transcendental do ano de 1972, que mostra que depois de praticar MT durante trinta dias, o tempo médio que os testados levavam para adormecer caiu de cerca de setenta para dez minutos. Essencialmente, os distúrbios do sono também foram eliminados.

Apnéia do sono

Um grave problema de saúde é a assim chamada "apnéia do sono", que atinge freqüentemente as pessoas que roncam e, na maioria das vezes, os obesos. No sono profundo, as vias respiratórias entopem de tal modo que podem ocorrer paradas respiratórias de duração perigosa, que terminam num forte ruído de ronco.

O Sr. Franz L., de 55 anos, um comerciante de Viena, aprendeu a Meditação Transcendental durante uma cura de panchakarma, uma cura tradicional de limpeza do Ayurveda de Maharishi. Depois de alguns dias, a mulher dele me contou: "Hoje à noite acordei porque pensei que meu marido não estivesse no quarto." Ele estava lá, mas dormia tão silenciosamente, que a mulher dele pensou que estivesse sozinha.

Entrar novamente em sintonia com os ritmos da natureza

Como se explicam as modificações no padrão do sono produzidas pela Meditação Transcendental? Todos nós sabemos que o sono é um estado natural, que em geral não pode ser provocado, mas que vem espontaneamente. Enquanto estamos na cama e queremos a todo custo dormir, isso não dá certo. As pessoas que dormem bem, não sabem o porquê. E exatamente essa espontaneidade se desenvolve por meio da Meditação Transcendental: simplesmente, as coisas acontecem quando chega a hora. Quando mergulhamos no silêncio durante a MT, aumenta espontaneamente a sintonia com os ciclos e ritmos da natureza. Não conseguir dormir ou dormir insuficientemente, significa estar apartado desses ciclos interiores e é sintoma de um desequilíbrio interno. A vivacidade tranquila durante a meditação transcendental nos presenteia com o equilíbrio necessário dos ritmos diários de vivacidade, sonho e sono.

Experiências modificadas no sono de praticantes avançados da meditação

Tão dramaticamente como os hábitos do sono se modificam pela Meditação Transcendental no caso dos distúrbios do sono, eles podem modificar-se em pessoas que têm um sono sadio. Muitas pessoas acordam mais descansadas e revigoradas pela manhã com a MT; muitas precisam de menos sono. Um estudo também mostrou que os praticantes da MT se recuperam mais depressa depois de serem privados do sono — certamente uma vantagem, quando deveres profissionais ou particulares nos tiram temporariamente do ritmo habitual.

Para encerrar, mencionemos um caso divertido. Quando Maharishi Mahesh Yogi deu sua primeira palestra sobre a Meditação Transcendental nos Estados Unidos, em 1959, um jornal de San Francisco escreveu a manchete: "A meditação ajuda no caso de insônia." Maharishi comentou rindo: "Vim para a América para levar as pessoas ao despertar mental, e elas querem o sono profundo!"

> *"A MT me ajuda a agüentar firme com apenas algumas horas de sono.*
> *Lucramos mais com cinco minutos de MT*
> *do que dormindo uma noite inteira*
> *Ficamos repletos de energia...*
> *Podemos aprender uma porção de*
> *coisas com os mistérios do Oriente."*
>
> **William Hague,** Chefe do Partido Conservador britânico

Resumo:

Análises científicas mostram que a prática regular da Meditação Transcendental tem os seguintes efeitos em muitas pessoas que têm problemas de sono:

➡ Um encurtamento essencial do tempo levado para adormecer, muitas vezes já nos primeiros dias de aprendizagem da MT.

➡ No caso de distúrbios durante o sono, a pessoa acorda menos vezes e não acorda prematuramente.

➡ No sono normal apresenta-se uma maior eficácia do sono, isto é, a pessoa acorda mais revigorada.

➡ Muitas pessoas também apresentam uma diminuição da necessidade de dormir.

Obesidade e Colesterol

"Um fato me chama especialmente a atenção quando vejo vários praticantes de meditação reunidos: quase todos são esbeltos! Como se explica isso?", perguntou-me uma praticante num seminário de final de semana para aprofundamento da MT. Eu lhe respondi com outra pergunta: Por que as pessoas se tornam obesas?

Eis alguns fatores que causam o excesso de peso: em primeiro lugar, insatisfação íntima, que impulsiona continuamente as pessoas a experimentarem ao menos uma satisfação, exatamente a comida saborosa e a saciedade. Um outro aspecto é uma "combustão" muito fraca no corpo. Disso sofrem principalmente as pessoas que não comem mais ou até comem basicamente menos do que, por exemplo, os outros membros da família, mas entretanto aumentam continuamente de peso. Além disso, comportamentos falsamente arraigados muitas vezes representam um grande papel: não comemos aquilo que nos faz subjetivamente bem, mas nos prendemos durante certo tempo rigidamente a diversas dietas. Depois de algum tempo, não podemos mais nos obrigar a cumpri-las e, então, devoramos com extraordinário prazer exatamente aquilo a que precisamos renunciar por tanto tempo. Sentimentos de vergonha por causa da má figura, frustração e irritação contribuem ainda mais para a situação ficar totalmente fora de controle.

Normalização da sensação de fome e comportamento alimentar

Depois de algumas semanas, os praticantes da MT muitas vezes percebem que a sua sensação de fome e o seu apetite se modificaram e que o sentido do paladar se aprimorou. Estão mais equilibrados emocionalmente, e o metabolismo, que nos textos védicos muitas vezes é comparado com um fogo (*agni*), com calma pode "queimar" com muito mais eficácia do que com pressa. Disso muitas vezes resulta espontaneamente uma modificação no comportamento alimentar.

Neste ponto queremos enfatizar mais uma vez que fazer certas dietas não é uma exigência para o aprendizado da Meditação Transcendental. Quando os praticantes da meditação mudam o seu comportamento alimentar e o seu peso se normaliza, na maioria das vezes isso não é conseqüência de uma mudança de hábitos imposta pelo médico, mas o resultado de uma maior concordância com as regularidades interiores da vida, uma vida que entra espontaneamente em sintonia com as leis da natureza.

Comer é coisa do coração

Neste ponto precisamos simplesmente dar uma indicação da culinária artística do Ayurveda de Maharishi e o abrangente conhecimento ayurvédico sobre alimentação sadia e natural. Nessa arte curativa, a alimentação é considerada um verdadeiro remédio, e sem alimentação correta — assim diz um dos antigos textos ayurvédicos — nem o melhor remédio ajuda. Quem quiser alimentar-se saudavelmente *e* gostar de comer, encontra no Ayurveda de Maharishi todas as regras de alimentação natural para pessoas sadias e doentes e, para cada paladar, uma abundância de receitas[2] saborosas, saudáveis e determinadas para o próprio tipo. (Veja também o capítulo: "O que mais você ainda pode fazer...").

O especial na culinária ayurvédica é que ela leva em consideração as necessidades primordiais individuais das pessoas. Nosso sistema de comunicação, dirigido pela inteligência interior, que mantém a ordem do corpo e que sempre nos esforçamos para ter, o equilíbrio de corpo, mente e alma, nos dá as informações corretas. Cada um de nós sabe disto: há períodos em que sentimos um insaciável desejo de uma coisa bem definida — nenhum outro alimento nos satisfaz. Na maioria das vezes, também sabemos exatamente o que nos atrai, comida quente ou fria, crua ou cozida, azeda, doce ou picante, e quando seguimos esses impulsos, ficamos satisfeitos. A MT também aqui é uma grande ajuda para aprimorar essa percepção interior.

Conceitos intelectuais de alimentação, dos quais há tantos no cobiçado "mercado de alimentos", podem parecer teoricamente corretos, mas muitas vezes deixam de lado um importante princípio de vida: a comida precisa conter naturalmente todas as pedras de construção da vida, a fim de alimentar o corpo, mas — a comida também é coisa do coração, portanto, tem de ser saborosa, nutrir todos os sentidos e alegrar a alma! Nenhum outro ensinamento de alimentação une de modo tão perfeito o conhecimento de comida sadia com a arte da cozinha delicada como o ayurveda de Maharishi.

Fator de risco: diminuição do colesterol por meio da MT

Recentemente, uma mulher praticante de meditação passou pelo exame preventivo no meu consultório e ficou muito feliz porque sua taxa de colesterol estava mais equilibrada do que antes. Sua alegria foi ainda maior, porque o colesterol HDL, o "bom" colesterol protetor estava mais alto do que antes. "Isso não me surpreende", respondi, "há mais de vinte anos sabe-se que as gorduras nocivas do sangue diminuem nos praticantes de meditação e os fatores de proteção contra arteriosclerose e enfarte cardíaco aumentam!"

Nos últimos anos, a literatura médica vem atribuindo um maior significado ao surgimento de doenças orgânicas do coração e da circulação — como *angina pectoris*, enfarte do coração e ataques de apoplexia — do que à hipertensão. Nesse contexto, é interessante também que a taxa média de colesterol das pessoas das nações industriais está muito acima da taxa normal de 200; no entanto, a taxa média de colesterol da população dos assim chamados "países em desenvolvimento" está bem abaixo dos 200.

---

2. E. Schrott, *Die köstliche Küche des Ayurveda* [A preciosa cozinha do Ayurveda], editora Mosaik.

Resumo

Os praticantes de MT podem atingir o seu peso ideal com mais facilidade, visto que via de regra desenvolvem uma percepção natural das suas necessidades físicas:

➡ O sistema digestivo funciona de modo mais eficiente, isto é, "queima" melhor.

➡ O fator de risco do colesterol, que indica uma certa dependência diante do *stress*, com freqüência normaliza-se com a prática da MT.

Ajuda nos distúrbios digestivos

A partir da nossa grande experiência, uma vez que nos defrontamos diariamente com distúrbios do estômago e intestino, queremos falar aqui sobre alguns problemas muito freqüentes, exatamente as inflamações do trato digestivo e a prisão de ventre crônica. Também nesse caso a MT pode atuar como uma bênção. Inúmeras outras informações sobre a medicina ayurvédica são encontradas na literatura mencionada no apêndice.

Gastrite

Entre as doenças inflamatórias do trato digestivo estão a gastrite crônica e as úlceras do estômago e do duodeno. Que é justamente o *stress* que desempenha um grande papel nessas doenças revela-se também na nossa língua — quando "algo não cai bem no nosso estômago", "arrotamos azedo" ou quando algo "nos tira o apetite". Muitas pessoas reagem aos impulsos crônicos do *stress* com inflamações do estômago. Embora a medicina moderna hoje afirme que as bactérias são as "provocadoras" dessa doença e as elimine com antibióticos, com isso na maioria das vezes não é tratada a causa última: enquanto não aprendermos a lidar melhor com o *stress*, sempre tornaremos a correr o risco de desenvolver uma úlcera no estômago.

O que é *stress*?

Neste contexto devemos dizer mais uma palavra para completar significativamente o complexo tema do "*stress*". Na realidade, o *stress* não prepara uma determinada situação, mas sim o modo como reagimos a ela. Por certo também existem fatos na sua vida que você domina com descontração, ao passo que para outra pessoa eles podem ser muito perturbadores. Numa situação com a qual não conseguimos lidar, quando nos sentimos sobrecarregados, sentimos pressão de fora ou nos colocamos sob tensão, quando nos envolvemos exageradamente com algo e com isso perdemos a calma interior, surge o *stress*. Assim sendo, mantém-se um constante reflexo de luta e fuga em nosso organismo e este impede o processo de regeneração. Nosso sistema de mente e corpo sofre modificações materiais ou estruturais que parecem irreversíveis. Desse modo, todo *stress* constrói bloqueios em nosso sistema, os quais impedem a nossa criatividade e capacidade de desempenho. Apenas a paz profunda pode dissolver esse *stress* profundamente arraigado, as tensões e os bloqueios. Com muita freqüência, sentimos que a calma no sono não basta para lidarmos com determinadas situações de *stress*. Principalmente em fases de extrema carga, muitas vezes o sono é perturbado e sofremos duplamente com nossas tensões, com freqüência produzidas por nós mesmos.

A MT ajuda nas úlceras de estômago?

Voltemos às inflamações e úlceras do estômago. Principalmente as pessoas com temperamento esquentado, que querem o melhor em toda a parte e lutam continuamente por isso, ou também aquelas que "engolem" suas agressões, estão ameaçadas por elas. E justamente esse padrão de comportamento muitas vezes não se modifica, mesmo que a úlcera seja curada com uma cura medicamentosa. Aqui a Meditação Transcendental pode atuar provocando grande bem-estar.

Queremos apresentar algumas histórias de pacientes da nossa clínica:

O Sr. Georg J., um empregado dirigente de uma firma de perfuração de petróleo, tinha dificuldade para descrever sua sensação de mal-estar: "Uma pressão na parte superior do estômago, que me acompanha dia e noite e que piora ainda mais quando estou sob a pressão de cumprir um prazo. No entanto, não tenho continuamente a sensação de estar sobrecarregado."

Uma gastroscopia (reflexo do estômago) revelou a úlcera, e as análises laboratoriais também puderam comprovar helicobactérias. A recomendada cura com pílulas foi feita a contragosto, mas depois de alguns dias ele pôde constatar que já não tinha dores. Mas não por muito tempo. Depois de uma situação especialmente tensa no trabalho, as antigas dores voltaram, não tão fortes como antes, mas sempre presentes e incômodas. No entanto, para a sua surpresa, no exame de controle não foram encontrados nem uma úlcera nem germes.

"Nesta situação, apreendi a MT e depois de alguns dias já pude sentir a influência benéfica da meditação: para meu grande alívio as dores de estômago diminuíram cada vez mais; de início, apenas durante a meditação, depois cada vez mais também durante o trabalho. Recuperei a concentração e me tornei mais capaz de um bom desempenho." O Sr. Georg J. agora já medita há alguns anos. Ele reconhece que a meditação é importante para ele, principalmente quando não medita ou medita irregularmente e suas dores de estômago se tornam perceptíveis outra vez.

Azia

A Sra. Johanna K., que sofre regularmente de uma azia insuportável toda primavera e outono, conta uma história semelhante: "Quando comecei a MT, em 1988, o fiz principalmente por causa do esgotamento depois de meus dois partos. Após o período cansativo com duas crianças pequenas, eu simplesmente queria fazer algo de bom para mim. A Meditação Transcendental me atraiu principalmente porque eu podia ficar em casa com as crianças e ainda assim usar o tempo para mim mesma. Eu me recuperei logo e aos poucos me livrei do cansaço. Mas o que me chamou a atenção ao longo do tempo foi o fato de as minhas azias estomacais se tornarem de início cada vez mais suportáveis e de desaparecerem totalmente depois de alguns anos. Desde então só tenho um pouco de azia em situações de extrema tensão familiar."

Doenças inflamatórias do intestino

As doenças inflamatórias do intestino podem ser muito graves. Entre elas estão a colite ulcerosa e o *morbus* Crohn. Os pacientes atingidos sofrem de intensas disenterias e, devido às evacuações freqüentes, ficam muito enfraquecidos. Entre os sintomas típicos, estão as dores e, nos casos de colite, também fezes viscosas e sanguinolentas. Muitas vezes, a psique dessas pessoas está impregnada de medo e de raiva represada. No entanto, essas emoções não são elaboradas, mas expressas de modo autodestrutivo. Por outro lado, as inflamações do intestino, que ocorrem na maioria das vezes em surtos, acontecem não só em graves crises corporais, mas também em crises psíquicas. Em geral, os medicamentos não podem curar esses quadros mórbidos, mas apenas diminuir os sintomas — infelizmente com efeitos colaterais, dos quais muitos pacientes se queixam.

Um caso de *morbus* Crohn

O Sr. Robert R. estava em tratamento médico desde 1995 devido ao *morbus* Crohn. Há dois anos ele visitou minha clínica. Sua mãe e sua esposa já haviam aprendido a MT há alguns anos e a aproveitavam muito. Naquela ocasião, ele estava com o peso muito abaixo do normal, e, apesar da sua pouca idade (tinha 28 anos na ocasião), não era mais adequado para a sua profissão de carteiro. Embora aparentemente na sua vida tudo estivesse em ordem, ele vivia num constante estado de tensão e seu sistema digestivo trabalhava como um motor superaquecido. Eu o aconselhei a aprender a MT e a intensificar simultaneamente o tratamento médico (no caso dele com os meios da medicina convencional e os métodos do ayurveda de Maharishi). Ele se mostrou imediatamente de acordo com a intensificação do tratamento, mas de início reagiu contra a meditação. "Está tudo em ordem comigo, eu não estou com *stress*", argumentou. Eu lhe expliquei que também pode haver um desequilíbrio interior, mesmo que a própria pessoa não perceba. Ele devia ter usado incorretamente suas energias e, portanto, ter pecado inconscientemente contra alguma lei da vida. "O mais simples é não analisar a situação, e então constatar que, na verdade, não podemos mudar nada, mas descobrir a sabedoria da natureza em nós mesmos. Assim que tocamos neste plano no âmago do nosso ser, automaticamente o nosso modo de agir se modifica. Aprendemos a não contrariar constantemente os nossos impulsos interiores ou a ignorá-los, mas a fazer aquilo que nos corresponde fazer, isto é, fazer as coisas de tal modo que elas dêem certo sem resistência. A isso chamamos agir em sintonia com as leis da natureza."

Embora alegasse estar fazendo tudo certo, ele freqüentou um dos cursos de MT seguintes. Quando voltou a me ver, mais ou menos um mês depois, fiquei surpreso: ele havia quase alcançado seu peso normal e parecia muito mais saudável. "Fiquei principalmente surpreso pelo fato de o trabalho parecer tão fácil alguns dias depois do início da MT", contou ele. "À noite já não me sentia tão cansado, tudo era feito com mais facilidade." Desde então, ele entende a importância da MT regular para entrar em sintonia com a perfeita natureza interior. Seu estado de saúde continuou melhorando e ele se sente novamente capacitado para o trabalho.

Prisão de ventre crônica

Há uma série de causas para um intestino preguiçoso: alimentação incorreta, muito pouco movimento físico, pressão de tempo e *stress*, medicamentos, intervenções cirúrgicas e muitas outras. Um motivo muito freqüente, mas muitas vezes não reconhecido pelo médico e pela própria pessoa está no "não conseguir soltar". E esta parece ser uma problemática essencial nossa, seres humanos: o apego a idéias e crenças do passado, às possessões materiais e aparentemente às mentais. O órgão de soltura, exatamente o intestino grosso, muitas vezes também está contraído e resiste em soltar até mesmo aquilo de que afinal não precisamos mais. Está claro para todos que, com isso, também as toxinas são retidas no corpo, toxinas nocivas que devem ser eliminadas com urgência. Cansaço, dores de cabeça, irritabilidade e confusão mental são muitas vezes a conseqüência desse estado.

Na medicina ayurvédica, o princípio básico, que tem relação com o ato de soltar, é chamado de *apana Vata*. Esse princípio funcional se situa no baixoventre, caso queiramos localizá-lo no corpo. Ele regula a evacuação, a urina, a menstruação ou o líquido seminal. Do ponto de vista mental e anímico, ele se relaciona com o *desapego interior*. No ayurveda de Maharishi descrevemos métodos naturais e eficazes, para harmonizar a função do *apana vata*: por exemplo, com artimanhas simples na alimentação ou com a surpreendentemente eficaz cura de beber água quente, em casos resistentes também com preparados fortificantes de ervas.[3] Uma tentativa essencial aqui também é a prática do relaxamento e do desapego por meio da Meditação Transcendental.

Até agora ainda não foi direta e cientificamente pesquisado se a MT ajuda no caso da prisão de ventre. Mas muitos pacientes contaram que todas as funções de excreção melhoraram por meio desse exercício de relaxamento e, na maioria das vezes, se tornaram mais regulares. Enfim, a MT é o exercício mais simples para aprender a se soltar.

Resumo

Comprovou-se que a meditação regular é muito útil para eliminar as causas psíquicas dos distúrbios do estômago e do intestino.

---

3. E. Schrott: *Ayurveda für jedem Tag* [Ayurveda para todos os dias], editora Mosaik.

➡ A MT sustenta a mudança espontânea essencial para uma alimentação mais natural e equilibrada.

➡ A MT ajuda a obter mais força de resistência contra as situações desgastantes do dia-a-dia e, por isso, protege eficazmente de doenças do estômago e intestinos causadas pelo *stress*.

Asma e alergias

Durante as primeiras meditações no contexto do curso básico de MT, quase todos os participantes já podem constatar que sua respiração se torna "leve como uma pluma". Essa vivência torna-se especialmente significativa para os pacientes que têm asma, cujo sofrimento consiste no fato de o fluxo normal da respiração estar bloqueado e sempre associado ao esforço.

"Quase não percebo mais minha respiração, tão leve ela ficou", conta Franz M., um consultor tributário de 35 anos, depois de uma meditação conjunta num seminário."Para mim isso é como um milagre. Desde a infância sofro de asma e já estava quase acostumado a obter ar sempre com esforço. Quando eu corria um pouco ou praticava esportes, isso só era possível com uma dose extra do meu *spray* para asma. É quase um milagre não sentir a minha respiração e, principalmente, não ouvi-la."

Depois de algumas semanas de MT regular encontrei outra vez o Sr. Franz. Ele me contou que já havia esquecido várias vezes o seu *spray*, que era a sua âncora na vida e sem o qual não dava um passo para fora de casa. "Antigamente, eu entraria imediatamente em pânico e teria empreendido qualquer esforço para voltar para casa pelo caminho mais rápido. Mas, agora, os intervalos em que inalo o remédio estão cada vez maiores, posso renunciar a ele sem problemas durante algumas horas."

Um outro paciente conta: "Quando eu era criança tinha forte bronquite asmática com ataques de asfixia. Isso ficou cada vez pior. Meu médico me disse que eu teria de conviver com ela para sempre. Então, comecei com a MT. Depois de três meses — sem mentira — minha asma havia desaparecido. Hoje eu não desejaria 'perder' uma só 'das minhas férias pessoais' de vinte minutos, duas vezes por dia."

Febre do feno e outras alergias

As alergias podem manifestar-se por meio do sintoma da asma, mas também por meio de outros quadros mórbidos. Entre estes estão a febre do feno, as alergias cutâneas, a urticária, as inflamações dos olhos, e muitos outros mais.

Como surgem as reações alérgicas? Toda alergia é uma reação exagerada do sistema imunológico a impulsos exteriores inofensivos. Por exemplo, nesse caso o pólen de grama, que não é perigoso, é tratado pelo corpo como se fosse um agressivo vírus da gripe. Num caso agudo de febre do feno pode ocorrer uma luta de resistência intensa nas mucosas do nariz contra o pólen inofensivo. O corpo se comporta como um Don Quixote contra moinhos de vento: ele desperdiça suas energias contra um suposto inimigo. A psiconeuroimunologia explica o quanto a mente e o corpo estão associados nisso. Agressões reprimidas, malconduzidas, a incapacidade de digerir situações irritantes, desempenham no caso um importante papel. Todos os pacientes alérgicos sabem como é possível sentir-se doente com isso.

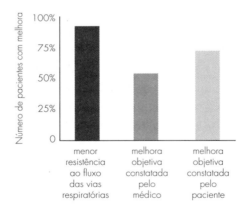

Em 94% dos pacientes asmáticos de um grupo de teste foi constatada por avaliação da resistência ao fluxo das vias respiratórias uma melhora depois do início da prática da Meditação Transcendental. Em 55% dos asmáticos essa melhora foi confirmada pelo médico de família, em 74% pelos próprios pacientes. Esses resultados indicam que a prática da MT pode ser vantajosa para pacientes com bronquite asmática.
Literatura I: "The Effects of Transcendental Meditation upon Bronchial Asthma", Clinical Research, vol. 2, 1973, EUA.
Literatura II: Transcendental Meditation in Treating Asthma, Respiratory Therapie: *The Journal of Inhalation Technology*, vol. 3, nº 6, pp. 7981, novembro/dezembro, 1973, EUA.

"Há três anos aprendi a MT porque queria controlar melhor o meu *stress* no trabalho", conta o Sr. Werner K., negociante autônomo de 30 anos de idade. "Desde então minha febre do feno anual tornou-se cada vez mais leve e de mais curta duração. Até antes desses três anos, a duração e a intensidade dos meus males alérgicos aumentavam a cada ano, mas na última primavera nem sequer precisei mais tomar remédios para isso."

E assim conhecemos muitos pacientes que curaram suas alergias depois de alguns anos de prática regular da MT — embora fossem considerados incuráveis pelo padrão de raciocínio da medicina moderna.

Resumo:

➡ Diversos estudos mostram que a MT modifica a função do sistema imunológico: o corpo pode se proteger melhor contra as infecções, as reações exageradas do sistema imunológico tornam-se menos intensas e freqüentes.

➡ A meditação regular diminui muitas vezes perceptivelmente a falta de ar dos pacientes com asma, de modo que eles precisam de menos medicamentos.

➡ Alergias em todas as formas (febre do feno, alergias cutâneas, inflamação das mucosas, asma, diarréia etc.) em muitos casos melhoram com a MT.

➡ O efeito calmante da MT sobre as alergias, conforme a afirmação de muitos pacientes, independe do tipo de alérgenos (pólen, fungos, ácaros, alimentos, picadas de abelha, venenos tóxicos etc.).

Enxaquecas e dores de cabeça

De tempos em tempos um amigo me procura por causa de intensas dores de cabeça. No espaço de meia hora forma-se nele uma tensão tão grande da nuca que se irradia em seguida pelo occipício até a testa. Por fim, perguntei-lhe a que motivo ele mesmo atribuía esses males repetitivos. Depois de pensar um pouco, ele soube a resposta: "As dores de cabeça surgem muitas vezes quando me coloco sob pressão ou me sinto pressionado e não consigo me livrar da tensão. É como se a energia não fosse traduzida em ação, mas estagnada na cabeça."

Como esse problema pôde ser eliminado? No caso dele pareceu-me importante fazer com que ele tomasse conhecimento da sua causa psíquica. Uma conversa de apoio, o oferecimento de ajuda para lidar com as situações típicas na profissão e na família e as recomendações de comportamento puderam ser muito úteis no seu caso. Eu também recomendei que ele voltasse a praticar regularmente a MT, que ele havia negligenciado há muito tempo e que antes o havia ajudado muito do ponto de vista da saúde e da profissão.

Dor de cabeça: sinal de numerosas causas

Nem sempre o que diz respeito às causas das dores de cabeça é tão evidente como aqui. Não apenas existe uma série de formas bem diferentes de dor de cabeça, que temos de distinguir num tratamento objetivo, mas também numerosas causas: conflitos familiares ou de parceria, solicitações profissionais, um domínio insuficiente dos conflitos e da elaboração do *stress* são campos de tensão básicos e freqüentes. Além disso devemos levar em consideração numerosos fatores disparadores ou co-motivadores: desgaste da vértebra cervical, distúrbios das articulações do maxilar, inflamações das fossas nasais, fraqueza de visão e outras doenças dos olhos, intolerância a alimentos, medicamentos, venenos do meio ambiente ou tumores cerebrais — isso só para mostrar algumas possibilidades.

Portanto, a dor de cabeça é apenas um sintoma, um sintoma doloroso, mas um sinal de alerta valioso do corpo, que infelizmente com demasiada freqüência é suprimido com analgésicos, também pelos médicos, e cujas causas, no entanto, não são pesquisadas ou são pesquisadas insuficientemente. Em nossa época e sociedade tendemos de modo especial à dor de cabeça; para muitas pessoas a dor de cabeça pertence ao cotidiano e a aspirina é como o sal da sopa.

Para contrastar: uma tribo de índios da Amazônia nem sequer tem em sua língua uma palavra para dor de cabeça. Males desse tipo, dos quais somente na Alemanha sofrem mais de seis milhões de pessoas, simplesmente não são conhecidos entre eles. Quando tentamos fazer os nativos entender com gestos o que queríamos dizer com dor de cabeça, eles sempre balançavam a cabeça sem entender: totalmente desconhecida! Ali, na natureza intocada, sob a proteção das florestas profundas e afastadas, eles tampouco quebram a cabeça pensando o dia inteiro sobre a vida e suas supostas tarefas. Não seria o caso de aprendermos com eles?

Dores de cabeça crônicas também são curáveis!

Com procedimentos da cura natural e também com os tratamentos significativos e necessários da medicina convencional, a dor de cabeça e a enxaqueca muitas vezes podem ser tratadas e freqüentemente curadas. Principalmente a mudança de alimentação, a mudança de comportamento, a atividade esportiva adequada, o regresso a um modo de vida mais natural e regrado podem ser úteis ao lado do treinamento da descontração. No Ayurveda de Maharishi existem numerosas sugestões de tratamento simples, que em parte aliviam e ajudam maravilhosamente nas mais diversas formas de dor de cabeça.[4]

Relaxar eficazmente com MT

A MT também neste caso comprovou ser um método impressionantemente valioso. Em nossa prática, temos inúmeros exemplos de que com esta técnica de relaxamento eficaz, os pacientes, mesmo os que sofriam há anos de dor de cabeça ou enxaqueca, sentiram um grande alívio, muitas vezes sendo também total e duradouramente curados.

Um motivo essencial por certo é o relaxamento profundo durante a meditação: o *stress* é eliminado eficazmente e o comportamento emocional muitas vezes estabiliza-se em pouco tempo, de tal modo que os problemas do cotidiano podem ser novamente tolerados e elaborados. Além disso, os praticantes da MT depois de pouco tempo já se comportam com mais consciência da saúde, alimentam-se de modo mais natural e equilibrado e orientam-se com seus valores para objetivos que valem a pena ser alcançados. Os produtos de mercearia perdem sua atração mágica e aprimora-se muitas vezes a percepção básica do que é certo e favorável em detrimento do que é nocivo.

Resumo:

➡ A dor de cabeça é um sinal da existência de causas mais profundas, que devem ser reconhecidas e eliminadas. O *stress* e a contração são causadores conjuntos que podem ser solucionados eficazmente com a MT.

---

4. E. Schrott/ W. Schachinger: *Ayurveda bei Kopfschmerz und Migräne* [Ayurveda para dor de cabeça e enxaqueca].

➡ Na prática diária, a MT prova ser um dos métodos essenciais para a cura de diversas formas de dor de cabeça, principalmente a dor de cabeça causada pela tensão e a enxaqueca.

Contrações musculares e dores nas costas

Na prática, muitas vezes os pacientes me perguntam: "Por que minhas tensões nas costas sempre me atacam? Já fiz muitos tratamentos quiropráticos, submeto-me a massagens e já fiz ginástica terapêutica; no entanto, depois de um certo tempo minha nuca volta a ficar tensa e minha coluna dói. Não consigo fazer nada contra isso e não sei de onde provém."

Para reconhecer o segundo plano e as causas dos sofrimentos corporais, temos de lidar (novamente) mais de perto com a natureza do nosso corpo. Está claro: do ponto de vista mecânico descobrimos diversos motivos possíveis para os males das costas. Eles estão na estrutura e no estado de funcionamento dos órgãos, que hoje podemos analisar maravilhosamente por meio de raios X, ultra-som, tomografia computadorizada ou tomografia nuclear. A lesão de um disco vertebral, a artrose ou a inflamação da articulação de uma vértebra na coluna cervical são explicações científicas naturais suficientes para o médico que trata desses pacientes.

No contexto da medicina moderna, poderíamos confiar e ficar satisfeitos com essa explicação — desde que não incluísse modelos psicossomáticos. No entanto, toda pessoa que lida intensamente com seres humanos — em geral o médico de família, que ao longo de muitos anos tem um quadro abrangente dos seus pacientes — terá de olhá-los com mais profundidade. Então não poderá deixar de ver: deve haver algo mais básico acima do modelo mecânico da análise da doença, que muitas vezes passa pela vida e história de sofrimentos dos seres humanos como um fio vermelho, que se relaciona profundamente com a estrutura da sua personalidade, com os conteúdos da sua consciência e o seu comportamento, que expressa e cunha o seu modo de pensar e de agir e que se torna a linguagem do seu corpo.

Quando a vida se transforma numa "cruz"

Eu acompanhei uma das curas mais impressionantes de dores na coluna por descontração e meditação no caso de uma consultora tributária de 40 anos de idade. Há um ano ela sofria de dores na coluna, havia estado no ortopedista e fizera compressas e massagens, sem obter nenhuma melhora dos seus males. Ela aprendeu MT — não por causa dos seus males das costas, mas porque procurava um método eficaz e simples de descontração devido à dupla carga como profissional e mãe de família. Para surpresa dela e minha, as suas dores na espinha já desapareceram totalmente depois de alguns dias praticando a MT.

Hoje a medicina reconhece que uma grande parte dos males da coluna que afligem nossa população é psicossomática. Hoje, uma de cada duas pessoas sofre de distúrbios da coluna. O esforço mental, uma postura errônea no local de trabalho, que pode ser ocasionada por exigência da profissão, mas muitas vezes é conseqüência de uma postura íntima falha (expressão de medo, ambição, a disposição depressiva básica ou exigências excessivas), sempre devem ser examinados primeiro.

A nossa língua também tem as expressões adequadas para isso: Quando a vida se transforma numa "cruz" para nós, portanto sentimos que exigem demais de nós e estamos sobrecarregados, então uma meditação profunda pode nos dar nova força e alívio; desse modo, as tensões e males das costas podem melhorar natural e radicalmente.

Resumo:

➡ As costas são uma zona de perturbação psicossomática especial. Tensões psíquicas também levam a tensões na musculatura.

➡ Procedimentos de descontração como a MT podem aliviar ou curar eficazmente os males das costas.

➡ A pesquisa científica mostra que a MT estimula a irrigação sangüínea dos músculos e descontrai outra vez a musculatura tensa. Ela atua aliviando a dor e elimina as causas anímicas da má postura.

A dependência e o vício da nicotina, do álcool, dos medicamentos e das drogas

Mais de trinta exames científicos indicam a MT como um procedimento altamente eficaz na terapia e prevenção das drogas, do álcool e do abuso da nicotina. Nos Estados Unidos, foi publicado um livro de quinhentas páginas, de autoria dos professores de psicologia, Dr. David O´Connel e do Dr. Charles Alexander, com o título *Selfrecovery-Treating Addictions Using TM and Maharishi Ayur-Veda* [Tratamento de Auto-recuperação de Vícios Usando a MT e o Ayurveda de Maharishi]. Um projeto alemão já foi executado no início dos anos 70 pelo Departamento do Trabalho de Mühlheim, em Ruhr, por dependentes de drogas. O resultado foi quase inacreditável: um número inédito de jovens que aprenderam a MT durante o período de abstinência da droga continuavam estáveis psiquicamente e não recaíam, o que, caso contrário, é a regra!

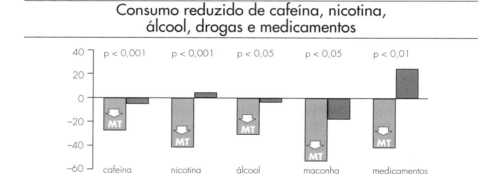

Comparando-se um grupo de praticantes de Meditação Transcendental escolhidos ao acaso com um grupo de pessoas que não praticavam a meditação, revelou-se que depois de dezenove meses a dependência do consumo, mostrada no gráfico, diminuiu de modo significativo, ao passo que no grupo de controle não houve modificações significativas. A totalidade da prática da meditação e a regularidade estavam correlacionadas significativamente com o retrocesso da dependência do consumo. Em cerca de 24 estudos pôde-se comprovar que pela prática da MT foi possível restringir nitidamente o abuso de drogas e outras dependências de consumo.

Referências:
1. *International Journal of the Addictions* 12 (1977):729-754.
2. *American Journal of Psychiatry* 131 (1974):60-63.
3. *International Journal of the Addictions* 26 (1984):32068

Nenhum poder à nicotina

Aparentemente menos perigoso a uma observação mais acurada e a uma visão de longo alcance, o fumo não é menos nocivo à saúde.

Contudo, na maioria das vezes não basta essa compreensão para ajudar os que necessitam da nicotina a buscarem a energia de se livrar desse vício. Sabemos que circulam por aí todo tipo de dicas secretas e truques para livrar-se do querido e odiado pedúnculo ardente, e muitos programas famosos para desabituar-se já foram descritos. Os resultados desses esforços, que todos os que querem largar a nicotina conhecem, são modestos. Também nessa questão a MT pode ser uma grande ajuda. Em vários estudos científicos chamou a atenção que uma porcentagem extremamente alta de praticantes da MT, sem ter tido a intenção prévia, aos poucos parou de fumar. Assim, uma análise de mais de cinco mil pessoas confirmou que depois de um ano de meditação regular apenas 1% (!) dos homens e 4% das mulheres fumavam, enquanto que durante o aprendizado da Meditação Transcendental 34% dos homens e mulheres do mesmo grupo ainda fumavam ou ao menos eram fumantes ocasionais.

Mais satisfação — menos nicotina

Muitas vezes, com a prática regular da MT, simplesmente perde-se o desejo de fumar um cigarro. Aceita-se que o motivo desse comportamento visivelmente positivo é a satisfação e o equilíbrio interior que essa meditação dá de modo natural ao praticante, tanto que a satisfação substitutiva, como o fumo ou o consumo de outros meios nocivos de prazer, torna-se cada vez mais dispensável e, no final, até mesmo um impedimento e uma perturbação ao próprio bem-estar. Foi isso o que aconteceu com Maya K., uma funcionária técnica em medicina: "Depois de um ano que aprendi a MT decidi largar o cigarro. Simplesmente não comprei mais cigarros e parei de fumar de um dia para o outro. Isso funcionou maravilhosamente, sem que eu jamais ficasse com vontade de fumar outra vez. Minhas colegas de trabalho fumantes sempre me elogiam, pois tornei-me uma não-fumante tolerante."

Resumo:

➡ A MT cumpre a mais importante meta de proporcionar uma terapia significativa e bem-sucedida no caso de dependência de nicotina, álcool, medicamentos e drogas, visto que ela devolve a paz interior ao praticante, em outras palavras, aquilo que ele busca na droga ou no prazer tóxico, mas não encontra de modo duradouro.

➡ Numerosos exames científicos mostram a eficácia da Meditação Transcendental na reabilitação de viciados, até hoje nem de longe alcançada por outras terapias.

➡ Quem quiser parar de fumar, com a MT o fará sem a sensação de privação, pois a necessidade da nicotina muitas vezes acaba por si mesma com a meditação regular.

A MT ajuda as pessoas com problemas de vícios a obter mais autocontrole. O relaxamento profundo, que vem junto com a prática da meditação, possibilita à pessoa que medita enfrentar o dia-a-dia sem medo dos problemas. As experiências agradáveis de paz interior durante a meditação tornam desnecessária a fuga da realidade com a ajuda das drogas e prazeres nocivos.

> *"Heyam dukham anagatam — evite o sofrimento,*
> *antes que ele apareça."*
>
> Verso védico do Yoga Sutra

Prevenir é melhor do que curar

A partir do que é dito neste capítulo sobre a MT como medida em diversos males e doenças, não devemos nos deixar enganar que o *motivo real da meditação seja outro*. Nos textos védicos clássicos sobre o desenvolvimento da personalidade, as Yoga Sutras de Maharishi Patanjali, a experiência do silêncio e da integração íntima é apresentada principalmente como medida preventiva. E esta afinal é a verdadeira força da MT, que nos últimos anos foi impressionantemente fortalecida pelos estudos científicos.

Quando, em virtude da meditação regular, adoecemos menos, isso é a expressão de uma personalidade mais forte, de mente e corpo amadurecidos. Esse efeito é cumulativo, isto é, quanto mais tempo meditamos regularmente, tanto maiores são os proveitos para a nossa saúde.

Economia de gastos para o sistema público de saúde

Vários estudos exaustivos nos Estados Unidos e no Canadá chegaram ao resultado de que, em média, 55% dos praticantes da MT usavam menos os recursos financeiros dos planos de previdência. Certamente, isso não acontece em virtude de quaisquer ressentimentos ideológicos contra os desempenhos médicos oferecidos, mas muito mais porque, por meio da MT, o estado geral de saúde melhorou de modo significativo. Especialmente notáveis são (em oposição à tendência costumeira) as menores exigências de desempenho médico em seniores e alguns grupos de doenças, que são sobremaneira caros para o sistema da saúde. Disso faz parte uma redução de internações em hospitais devido a doenças cardíacas e circulatórias, doenças do sistema nervoso e tumores.

Freqüência diminuída de adoecimento

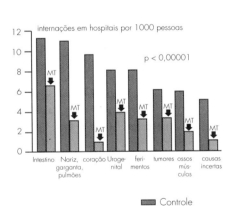
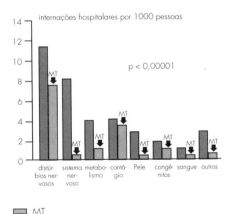

Num estudo realizado nos Estados Unidos, foram comparados durante cinco anos a utilização do plano de assistência médica por cerca de duas mil pessoas que praticavam regularmente a Meditação Transcendental e o programa sidhi de meditação com a média de todos os seiscentos mil segurados. Entre os que meditam, o número de internações hospitalares era em média 56% inferior, sendo que foram nitidamente comprovados menos encaminhamentos dos vinte tipos de doenças mais freqüentes – houve um retrocesso de 87% nas doenças cardíacas e circulatórias, de 55% nos casos de câncer, de 87% nas doenças nervosas e de 73% nas doenças da garganta, nariz e pulmões. Com o avanço da idade, pôde-se constatar nas pessoas que meditam, em comparação com os valores médios do grupo da mesma faixa etária, uma menor necessidade de cuidados médicos. O retrocesso no grupo de pessoas acima de 40 anos foi de 67%. Isso mostra o grande significado dos citados programas para uma prevenção eficaz da saúde.
Referência: I. *Psychosomatic Medicine* 49 (1987):493-507

Um estudo no Canadá demonstrou que os custos do serviço público de seguro médico em praticantes de MT em comparação com os membros que não meditam caem anualmente em média 12%. Os gastos médicos para "pacientes caros" e seniores caiu até cerca de 19% por ano. Isso, embora, numa observação prévia durante três anos, os custos para o grupo que depois viria a praticar a MT em comparação com o grupo sem MT, eles fossem igualmente altos.

Referindo-se à população como um todo, com o uso amplo da MT o sistema de saúde poderia economizar somas milionárias anualmente!

Melhor saúde sem abstinência

O que isso significa para um único indivíduo, podemos entender mais facilmente do que o que significam os efeitos de um amplo uso da MT para o nosso sistema de saúde. Alguém que esteja interessado em aprender a MT, pode poupar-se de uma porção de sofrimento e inconveniências se usar essa técnica feita com facilidade e regularmente durante vinte minutos duas vezes por dia. Portanto, já não representa um esforço ou algo desagradável fazer algo de bom pela saúde, como pode ser o caso de muitas dietas ou exercícios exagerados.

No que se refere aos efeitos de uma ampla disseminação da MT no nosso sistema de saúde nem sempre financiável, queremos citar o deputado britânico da Câmara dos Lordes, Lorde Baldwin, num debate parlamentar sobre métodos inconvencionais de cura: "[...] *Se apenas a metade (do que os mencionados estudos sobre a MT dizem) estiver correta, seria motivo suficiente para proclamar isso em letras douradas em cada clínica médica do país.*"

Medicina moderna — um risco para a saúde?

Mais um argumento corrobora a utilização urgente da MT em nosso sistema de saúde: estudos mais recentes mostram cada vez mais o risco em que nos encontramos quanto à nossa saúde, quando confiamos na medicina moderna.

Uma elevada conta feita em 1994 por cientistas da Universidade de Harvard chegou ao resultado de que, em conseqüência de medidas médicas, só nos Estados Unidos morrem anualmente cerca de 180 mil pessoas, talvez tanto quanto em acidentes de carro. Esses números mostram o enorme significado de uma medida preventiva eficiente e utilizável facilmente e sem riscos por todas as pessoas como, por exemplo, a Meditação Transcendental.

Resumo:

➡ Com a ajuda da MT podemos desenvolver todo o nosso potencial mental e físico e, assim, espontaneamente, nos sintonizarmos com as regularidades naturais da vida.

➡ O amplo uso da MT como medida preventiva é uma possibilidade real para afastar a ameaçadora crise na saúde. Estudos a longo prazo mostram uma diminuição de 50% dos custos com doenças.

➡ A MT sustenta o processo natural de cura nas doenças orgânicas e é uma medida causal nas doenças psicossomáticas.

O que os médicos dizem sobre a MT?

Em todo o mundo até o momento mais de dez mil médicos aprenderam a Meditação Transcendental e muitos a recomendam aos seus pacientes. Há alguns motivos importantes para isso, que são unanimemente citados pelos médicos que incluem a MT em seus consultórios. Além da facilidade para aprender esse método de relaxamento e do seu uso confortável na vida diária, existem principalmente os seguintes argumentos:

➡ A assim chamada *compliance* é extraordinariamente alta. Por isso entende-se a aceitação e o trabalho conjunto no uso de um método. Em geral, os pacientes gostam de praticar a MT, alegram-se com a meditação, sentem rapidamente seus bons efeitos e, portanto, uma grande porcentagem se mantém fiel a ela.

➡ Os efeitos esperados da MT de fato ocorrem. Como essa antiga técnica védica repousa sobre princípios espirituais, ela atua de modo espontâneo e digno de confiança. Isto também pôde ser comprovado objetivamente em inúmeros exames fisiológicos de praticantes da MT.

➡ Os efeitos da MT não são "casos à parte". Ao contrário: quem medita regularmente obtém maior proveito, e a regeneração e renovação aprofundam-se com cada meditação! Os efeitos a longo prazo da MT chamam especialmente a atenção em vários estudos.

Em todo o mundo, cientistas famosos e médicos sustentam o uso da MT em entidades de saúde. Só podemos citar alguns deles como exemplo:

"O stress é um dos principais inimigos da saúde. A paz profunda, que surge durante a Meditação Transcendental, possibilita elaborar naturalmente o stress e reanimar a inteligência interior do corpo. Isso é fato! Centenas de análises científicas mostraram que a Meditação Transcendental tem a capacidade de trazer alívio em numerosos estados de doença ou de manter preventivamente a saúde."

Prof. Z.Schlezinger, famoso especialista israelense do coração

"Análises dos efeitos da técnica da MT mostram que suas conseqüências fisiológicas atuam exatamente contrapondo-se aos fatores que a medicina identificou como sintomas típicos do stress."

Prof.Hans Selye, fundador da moderna pesquisa do *stress*

"A Meditação Transcendental foi o melhor investimento que já fiz. Aproveitei-a de incontáveis maneiras: maior produtividade no trabalho, mais compreensão para com os pacientes e membros da família e uma percepção melhor dos diferentes aspectos da vida. As boas conseqüências desta técnica simples podem ampliar todos os horizontes da existência: psíquica, mental e emocional. Tanto como médico quanto como pessoa, recomendo muito a MT a todos."

Dr. Glaucio Luiz Bachmann Alves, professor da Universidade do Paraná, Brasil, Medicina Clínica e Psiquiatria

"Gosto de recomendar a MT aos meus pacientes, porque eles a aprendem com facilidade e porque ela se deixa integrar sem problemas no cotidiano... como médica, a minha maior alegria é rever os pacientes que começaram a praticar MT há algum tempo. Quase sem exceção é possível constatar melhoras objetivas no seu estado. Todos se sentem melhor e mais relaxados a partir do primeiro dia. Com o passar do tempo, essa sensação de bem-estar aumenta ainda mais."

Dra. Karin Pirç, psicóloga, médica e diretora de uma clínica de cura em Rheinland-Pfalz.

"No decurso da minha atividade médica pude verificar, juntamente com centenas de pacientes, como a hipertensão, os estados de inquietação ou os distúrbios do sono, bem como as dores de cabeça causadas pela tensão, as enxaquecas, a asma ou os distúrbios digestivos desapareceram em semanas até alguns meses depois que eles começaram a Meditação Transcendental. Os remédios antes necessários muitas vezes puderam ser reduzidos ou até mesmo eliminados. Essa observação constante corrobora muitos estudos médicos, que mostram que toda pessoa pode melhorar sua saúde física e mental acima da média com a MT e que pode desenvolvê-la mais enquanto desenvolve a sua personalidade."

Dr. Bauhofer, médico, Diretor do Parkschlösschen Traben-Trarbach

"Eu recomendo a técnica da Meditação Transcendental, pois tenho observado, há mais de vinte anos, que pessoas muito diferentes logo reencontram rapidamente sua paz interior profunda, equilíbrio e confiança. Esse contato com o potencial de cura interior leva então à redução da hipertensão, dos valores altos de colesterol no sangue e à eliminação dos distúrbios do sono. Outras doenças, como a asma e as doenças cardíacas e numerosos males funcionais, também são positivamente influenciados."

Dr. Bernd Kamradt, médico ginecologista Bad Sooden/Allendorf

"A Meditação Transcendental de Maharishi (MT) aumenta a criatividade, o sentimento de responsabilidade, a competência social e a saúde das pessoas. Empreendimentos, entre cujos recursos importantes hoje se contam trabalhadores confiáveis, mentalmente alertas, deveriam usar sistematicamente a MT. Ela se presta a isso melhor do que qualquer outro método, pois ela é ensinada segundo padrões únicos de qualidade, é fácil de aprender, seus efeitos são imediatos e diretamente sentidos, dispõe da segurança de uma tradição milenar e é a técnica de meditação melhor pesquisada cientificamente."

Dr. Mathias Kossatz, clínico geral em Frankfurt

"Muitos pacientes hoje sofrem de distúrbios psicossomáticos. Sentem-se mal, mas o médico não encontra nada objetivo. O tratamento medicamentoso nesses casos não traz a cura. Como médico na ativa, fico contente de ter nas mãos um meio para ajudá-los de modo duradouro e eficaz com a MT. Especialmente no caso de pacientes com distúrbios do sono, pode-se constatar feitos rápidos e diretos."

Dr. Michael Mayer, especialista em medicina do trabalho, Stuttgart

"Nenhum outro programa tem uma documentação científica tão exaustiva a apresentar, que comprova a modificação que sustenta a vida no corpo, na psique e no comportamento. A MT traz melhora profunda e resultados duradouros."

Dr. Jann Suurkula, médico sueco

"Trabalhando em hospital, fiquei impressionado com a nova experiência, principalmente com os efeitos colaterais positivos. Depois de aprenderem a técnica da Meditação Transcendental, os pacientes relatam com grande regularidade as diversas conseqüências positivas, não só sobre o decurso da doença atual, mas também sobre sua situação geral de vida. Naturalmente, para todo médico é uma grande alegria quando os seus pacientes estão satisfeitos e, ao mesmo tempo, não há efeitos colaterais a temer. Eu desejo que essa técnica se imponha rapidamente em todos os âmbitos da medicina."

Dr. Rainer Picha é especialista em medicina interior e cardiologia; Chefe da 2ª divisão do Hospital de Graz, como cardiologista e médico de UTI

Capítulo 6

MT EM TODAS AS FAIXAS ETÁRIAS

Relaxamento para pais estressados

Uma mãe, cujo filho freqüentava o conservatório musical, mas cujas notas no último ano do colégio estavam exatamente no limite, parecia visivelmente esgotada: "Preciso estar sempre atrás dele para que estude, preciso ficar motivando-o para que se mantenha dentro da escola. No entanto, ele tem muita capacidade. Procurei um psicólogo educacional pedindo conselho, e ele está convencido de que meu filho conseguiria acompanhar a escola superior sem problemas."

Ela veio ao consultório por causa da sua tensão na nuca e um "cotovelo de tenista", mas depois de alguns minutos mudou espontaneamente o tema para "filho", a fim de buscar conselho sobre como poderia lidar com a situação, pois estava muito sobrecarregada e — como era fácil constatar — isso estimulava suas tensões, se é que não as causava. A voz dela estava enfraquecida e dava para perceber como havia começado a lutar na vida: três filhos, um marido profissionalmente tenso, uma sogra doentia da qual cuidava de modo tocante, a lida doméstica, as escolas e — uma boa alma como a dela — ainda também boas ações junto a amigos e vizinhos, ao lado dos quais estava sempre com homeopatia, chás e conselhos e ações nos casos de resfriado, tosse, dores de cabeça e desgostos amorosos.

Assim, logo ficou claro: essa mulher (e seu filho) só pode ser ajudada de modo eficaz e duradouro se ela mudar algo essencial em si mesma: ela tem de parar de lutar, de se desgastar e exaurir-se, o que a conduz cada vez mais para longe da solução da sua tarefa. Primeiramente, ela precisa de concentração, paz, distância, recuperação. Um final de semana sem os filhos e o marido, por exemplo, poderia aproximá-la um pouco mais de si mesma outra vez.

"Falta de tempo"— um fenômeno da nossa época

Esta história totalmente corriqueira é um símbolo da "problemática" da nossa época. A humanidade civilizada do século XX, que termina, está tão embaralhada e enredada em constantes deveres que perde a sua relação consigo mesma. Até mesmo quando o tempo livre e as férias permitiriam recuperar o fôlego, renovar-se, juntar novas forças e reencontrar-se, a nossa sociedade aproveita a oportunidade "favorável" para rapidamente encontrar uma atividade compensadora. Às vezes, pergunto aos pacientes que sofrem da "síndrome do cumprimento do dever": "Você não poderia simplesmente deixar de fazer alguma coisa durante o dia?" "Claro, eu leio o jornal, faço tricô ou assisto televisão." "Você não poderia simplesmente sentar-se e não fazer nada?" "Não, logo me ocorre o pensamento de que possa estar perdendo alguma coisa, não estar usando o tempo para fazer algo 'mais significativo' nesse momento."

O organizador silencioso em nós

Para a solução dos problemas, é importante: cada um de nós tem em si mesmo um âmbito inesgotável de criatividade. Ele está repleto de ajudas para soluções. Mas temos de estar intimamente descansados e equilibrados para usar totalmente essa valiosa fonte em nós. Quem descansa em si mesmo, vê com mais clareza, reconhece soluções e livra-se também das situações difíceis que a vida lhe apresenta para que amadureça e cresça. E antes de tudo — ele não se torna um iniciador de conflitos e um estimulador de problemas.

Quando nos mostram os nossos limites

A mãe acima citada, depois de uma curta conversa, reconheceu imediatamente que, na verdade, com seu modo de convencer o filho, não conseguiria alcançar progressos significativos. A mulher, que era naturalmente religiosa, que sempre conseguia tirar força da sua fé, dessa vez havia chegado a um ponto que lhe mostrou os limites da luta e do esforço nas suas ações. Ela logo reconheceu que precisava repensar o seu modo de viver. A ajuda oferecida constituiu-se antes de mais nada em lidar significativamente com as suas forças, dar-se regularmente um descanso e recuperação e em estimular a sabedoria de que na educação, em especial, *pouco muitas vezes pode ser mais*. Quando estamos descansados e fortalecidos, uma palavra certa num momento tranqüilo pode realizar maravilhas. Eu recomendei que ela aprendesse a Meditação Transcendental. Meditando, ela conseguiria reservar-se uma paz profunda duas vezes por dia, obter novas energias e cumprir suas tarefas de mãe com novo impulso e, principalmente, com sucesso.

O momento de descanso mais valioso do dia

Hannelore Elsner, conhecida por seu trabalho no cinema e na televisão, valoriza a MT como a mais valiosa ajuda, igualmente para a profissão e a família.

"Eu acho a coisa mais natural do mundo trabalhar e ao mesmo tempo formar os filhos... Acredito ser uma boa mãe, e principalmente gosto de ser mãe. Seja como for, para desempenhar meus papéis preciso da calma, que na vida real de fato nunca tenho (só quando eu estou meditando é que minha família e meus colegas me deixam em paz). Eu pratico a Meditação Transcendental, e isso em toda parte: em casa, nas viagens, no local das filmagens, na lavanderia, na praia. Os colegas me perguntam sempre muito surpresos: "Por que você está tão radiosa? É claro, por meio da meditação sempre volto rapidamente ao prumo.""

Ajuda ativa no casamento e na parceria

"Minha mulher foi a primeira a aprender a MT. Depois de curto tempo percebi modificações nela. Ela estava mais tranqüila e receptiva. Isso me convenceu", conta o Sr. Walter M., um inspetor escolar de 50 anos. "Participei do curso seguinte, oferecido no nosso instituto de ensino da MT. Isso aconteceu há quase vinte anos e, desde então, meditamos juntos regularmente duas vezes por dia durante vinte minutos. O que me motivou foi o enorme *stress* que sentia na minha profissão no ensino. Os efeitos foram sentidos logo nos primeiros dias — não só por mim, mas também pelos alunos. O trabalho voltou a me causar alegria e, desde o início não estava mais tão cansado como no período anterior à MT. Quando voltava para casa à tarde, depois das aulas, não precisava mais de várias horas de descanso para dedicar-me a outras atividades. Esse efeito dura até hoje e até ficou mais forte. Hoje percebo que nossa meditação regular influencia todos os âmbitos da nossa vida. Nós temos uma vida familiar harmoniosa, sentimo-nos saudáveis e também economicamente vamos indo bem."

O relaxamento profundo que se obtém durante a prática da Meditação Transcendental, tem conseqüências positivas sobre toda a personalidade do praticante. A experiência de encontrar "o eu interior" dá a muitas pessoas uma nova naturalidade e autoconsciência. Todo ser humano, que descobriu suas verdadeiras qualidades, ficará satisfeito consigo mesmo. Equilíbrio, tolerância e receptividade diante de outras pessoas levam a mais harmonia também no casamento, na família ou na parceria. Um casal que pratica a MT há vários anos expressa isso da seguinte maneira: "A MT é um enriquecimento para a nossa parceria. Sempre é muito bonito poder gozar outra vez o silêncio juntos. A confiança no parceiro aumenta. É como um milagre — nós nos apaixonamos outra vez todos os dias!"

MT na escola e na formação

Aprende-se com mais facilidade com a Meditação Transcendental

"Isso é muito fácil", diz Sabrina, de 10 anos, depois da aula pessoal de MT. "Eu não entendo por que devo voltar, acho que já medito corretamente!"

Sabrina foi ao curso de MT com os pais e a irmã mais velha. Na verdade, foi ela quem levou o resto da família a participar do curso. Depois das noites de informação, ela disse em voz alta e com convicção: "Eu quero participar. Quem me acompanha?"

Com sua inocência natural, as crianças acham muito fácil aprender a MT. E, na maioria das vezes, os resultados logo aparecem nas crianças: elas ficam bem-humoradas, brigam menos com os irmãos e percebem, em geral no espaço de alguns dias, que o aprendizado na escola se torna mais fácil.

Essas experiências subjetivas são comprovadas por estudos científicos e com estudantes. Os alunos praticantes de MT comprovaram, nos testes comparativos com alunos que não meditam, uma melhor capacidade de aprendizado e mais inteligência, notas escolares mais altas e um comportamento harmonioso na escola. Em muitos casos, também pudemos observar que o período freqüentemente tão difícil da puberdade transcorre com muito menos tensões e é emocionalmente mais equilibrado em crianças e jovens que praticam a meditação.

A preocupação às vezes demonstrada pelos pais, de que as crianças ou jovens possam ser negativamente influenciados pela meditação ou levados a caminhos falsos é totalmente injustificada na MT. A Meditação Transcendental de Maharishi é um processo puramente mecânico, sem transmissão de quaisquer conteúdos ou valores morais. Somente pela experiência do silêncio os alunos e jovens atingem o equilíbrio de que precisam diante das numerosas e muitas vezes destrutivas influências da época atual.

A formação da escola é unilateral

Atualmente, nenhuma escola assume o desenvolvimento integral das crianças. A aula é puramente voltada para os aspectos do desenvolvimento intelectual. Com isso, determinados centros cerebrais, que existem para essa capacidade, são demasiadamente estimulados. Ao mesmo tempo, os reinos cerebrais competentes para o pensamento integral e a criatividade não só ficam subdesenvolvidos, mas também são reprimidos, segundo a opinião dos neurofisiologistas. Podemos observar todos os dias as conseqüências desse fardo e o desenvolvimento nocivo unilateral: falta de criatividade na escolha da profissão e na busca do emprego, falta de energia e resistência na formação e na vida profissional, incerteza sobre as próprias possibilidades de desenvolvimento, desprezo pelas regras naturais para uma vida saudável e bemsucedida em uma grande parte dos que saem da escola na nossa época.

Uma outra perturbação anímica dos nossos estudantes é o ambiente: aumento de violência nas escolas, que hoje não é observado apenas nas cidades grandes. Os alunos precisam da possibilidade de se descontraírem com o silêncio interior profundo, não só em decorrência das exigências excessivas unilaterais do sistema escolar em curso, mas também para enfrentarem o *stress* causado pelos conflitos sociais nas escolas. A MT presta-se maravilhosamente para isso, como mostram muitos estudos com estudantes e as experiências dos pais e professores.

MT introduzida nas escolas com êxito

Em todo o mundo, desde o início dos anos 70, existe um grande número de escolas em que os alunos praticam juntos a Meditação Transcendental antes do início e ao final das aulas. Os efeitos dessa meditação conjunta são surpreendentes. Isso se reflete não só na capacidade de desempenho de cada aluno, mas também na eliminação de tensões na escola e muitas vezes em toda a cidade.

Em diversos países, existem experiências abrangentes com a MT no âmbito escolar. Por exemplo, em países como Inglaterra, Dinamarca, Suécia, Noruega, Holanda, Canadá, Índia e Estados Unidos, essa meditação é introduzida nas escolas.

Assim sendo, já em 1971, em Eastchester, nos Estados Unidos, foi realizado um projeto escolar abrangente com a MT. Depois de uma campanha de informação que durou seis meses, a MT foi apresentada a muitos professores, alunos e a seus pais. O conselho estudantil observou que os alunos que meditavam desenvolviam um relacionamento mais harmonioso com suas famílias, seus professores e amigos, e suas notas muitas vezes melhoravam.

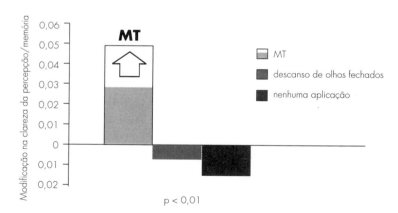

A capacidade de percepção e a memória a curto prazo dos alunos de universidade, que haviam aprendido a Meditação Transcendental, melhorou significativamente no espaço de duas semanas. A comparação foi feita com estudantes que, segundo um princípio aleatório, foram divididos em dois grupos e que, ou seguiram o seu dia de maneira normal ou descansaram duas vezes por dia com os olhos fechados.
Referência: Meditation and flexibility of visual perception and verbal problem solving. Memory and Cognition 10; 201-215, 1982.

Em diversas regiões da Ásia e da África também foram organizados projetos semelhantes com grande sucesso. Numa região próxima de Nairóbi, no Quênia, por exemplo, apenas 30% dos alunos atingiam anualmente as metas escolares da classe. Depois de serem iniciados na MT, o desempenho escolar melhorou de tal modo, que 75% dos alunos puderam ser transferidos para a série seguinte no ano seguinte.

Fim do *stress* das provas: a MT ajuda os estudantes

"Eu sempre tive um medo enorme das provas", conta Daniela, uma estudante de medicina de 25 anos. "Há três anos tive o azar de não passar numa grande prova, apesar do bom preparo. Eu já ficava nervosa por antecipação e precisava estudar muitíssimo para conseguir fazer apenas a metade da prova. Por causa do nervosismo, muitas vezes acontecia de eu não conseguir me lembrar da metade da matéria que estudara. Depois desse insucesso, a coisa ficou ainda pior. Eu estava totalmente bloqueada e principalmente nos exames orais não conseguia mais responder, mesmo quando o examinador levava em consideração a minha tensão interior e era gentil comigo. Durante quase dois anos não passei numa única prova, não importava o quanto eu estivesse preparada para ela. Eu já estava prestes a interromper os estudos e tornar-me uma enfermeira, quando minha mãe me levou para uma palestra de informação sobre a MT. Segundo o que ouvi ali, a MT me pareceu a última âncora de salvação, pois também o treinamento autógeno, o aconselhamento psicológico, o treinamento da descontração e muito mais que eu havia tentado, não me haviam ajudado realmente.

"Agora eu medito há um ano e acredito ter superado o meu trauma. Consegui passar em algumas provas e posso vislumbrar novamente o meu objetivo de ser uma médica."

Como aumentar o recipiente para o conhecimento

No atual sistema de ensino, dá-se exclusivamente valor à transmissão de informações. A quantidade de informação que um aluno tem de dominar aumenta todos os dias. O "recipiente" que deve captar e elaborar esse conhecimento muitas vezes imenso, o cérebro do estudante, não é inteiramente usado. Ao contrário: o *stress* e a vida que fica cada vez mais difícil e as condições de estudo trazem consigo solicitações adicionais que facilmente podem levar a bloqueios.

Melhora do desempenho mental

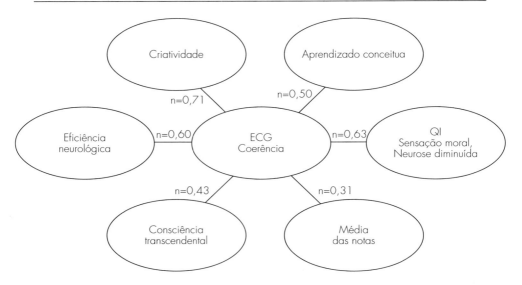

A coerência do ECG aumentada, como é encontrada nos praticantes da Meditação Transcendental, correlaciona-se nitidamente com uma melhora do desempenho mental. No gráfico isso é expresso pelos coeficientes de correlação dados r(-1<r<1). Essas correlações mostram-se principalmente em exames de elevação da criatividade, que estavam especialmente altos com r=0,71; em testes para a captação rápida de novos conceitos (r=0,50); um melhor quociente de inteligência (QI) em colocação oral de tarefas; uma sensação aumentada de moral, bem como uma redução das neuroses (r=0,63). O mesmo pôde ser constatado com respeito à melhora da média de notas (r=0,31), a assim chamada eficiência neurológica (medida pelo tempo até nova estimulação depois do estímulo dos nervos motores da coluna no reflexo de Hoffmann r=0,60) e a clareza das experiências transcendentais (r=0,43).
Referências: a ilustração acima se baseia nos resultados de exames tirados das seguintes publicações:
1. *International Journal of Neuroscience* 13 (1981):211-217. • 2. *International Journal of Neuroscience* 15 (1981):151-157. • 3. *Scientific Research on the Transcendental Meditation Program: Collected Papers.* Vol. 1. (Livingstone Manor, NY, MERU Press, 1977), Arbeit nº 21, 208-212. • 4.*Scientific Research on Maharishi's Transcendental Meditation and MT-Sidhi Program: Collected Papers.* Vol. 4 (the Netherlands MVU Press, 1989): Arbeit nr.294, 2245-2266.

"Com o aprendizado da MT cheguei a uma verdadeira mudança de tendência no meu estudo", lembra o químico Ernst. "Depois dela eu pude captar mais facilmente novas informações, estabelecer inter-relacionamentos e também encontrar a relação com a prática. Quando eu não sabia todos os detalhes nas provas, eu não ficava nervoso e conseguia convencer o examinador dos meus conhecimentos. Outros colegas muitas vezes conheciam mais os detalhes do que eu, mas não tinham aquela visão geral e a relação prática que eu desenvolvi com o aprendizado da MT. Pelo fato de eu digerir melhor o que havia aprendido, também fiquei mais sedento de saber."

Aprender melhor por meio da concentração

Maharishi Mahesh Yogi, criador da MT, explica os melhores desempenhos acadêmicos dos alunos e estudantes que meditam pelo fato de eles estarem em maior sintonia consigo mesmos. A matéria do aprendizado com isso não é mais estranha, mas parte da própria vida.

Parece-nos importante registrar aqui que no processo da MT não é praticada a concentração, como pode ser o caso nos outros métodos, na maioria muito cansativos. A melhor capacidade de concentração deve-se subjetivamente, antes de tudo, ao fato de o ruído mental interior "em segundo plano" cessar e com isso ser mais fácil ter apenas uma coisa na cabeça, e não ser continuamente distraído por outros pensamentos. Os neurofisiologistas, como o Prof. Dr. Lubimov, da Universidade de Moscou, e outros são de opinião de que as modificações típicas das ondas cerebrais na MT estão relacionadas como uma maior capacidade de captação e uma melhora do desempenho mental.

MT para seniores

"Eu tenho mais de 80 anos. No meu caso não vale mais a pena aprender algo novo, como a meditação. Além disso, já tenho paz suficiente!" Com este argumento os seniores acreditam muitas vezes que as modificações não têm mais sentido na vida deles. No entanto, são exatamente as pessoas mais idosas que se beneficiam de modo especial da técnica da MT, como deixa claro o exemplo seguinte:

Minha tia, com quase 90 anos, inspetora escolar aposentada, pensou durante muito tempo antes de decidir-se a participar de um curso de MT. "Eu não pensei que na minha idade ainda poderia aprender algo novo e estranho. Mas logo depois de alguns dias não estranhei mais a meditação. Senti-me protegida e renovada. Hoje ela me dá uma energia e clareza mental que há anos eu não conhecia mais nessa medida. Minha memória e meu humor são como nos dias da juventude. Agora também tenho a sensação de que o envelhecimento e a morte próxima não me causam medo."

A meditação profunda pode abrir às pessoas mais idosas um novo sentido de vida, à medida que possibilita descobrir valores mais elevados, paz e sabedoria em si mesmo. Assim também é possível superar melhor a perda causada pela morte do companheiro de vida.

Envelhecimento e imortalidade

Para muitos de nós, o encontro com a idade no mais verdadeiro sentido do termo é uma experiência dolorosa. Mas "envelhecer" pode ser equiparado a "estar doente"? Os sábios védicos dizem que não e a gerontologia moderna, a pesquisa médica da idade, confirma a opinião deles. Até a idade bem avançada é possível ter uma vida saudável!

Mas o que são os sinais naturais da velhice e quais são as perturbações da saúde? Uma resposta a essa pergunta essencial poderia ser: o envelhecimento natural tem a ver com processos naturais de desenvolvimento e amadurecimento. Com o primeiro fôlego da nossa vida, algo já se modifica no corpo. Nós crescemos, mudamos de figura, desenvolvemos nossos sinais físicos individuais e não paramos de nos modificar contínua e ininterruptamente.

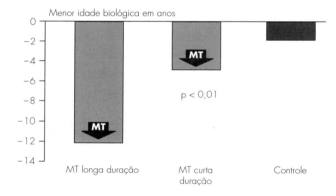

A idade biológica revela a idade fisiológica de uma pessoa. Em média um grupo de praticantes que haviam se dedicado à Meditação Transcendental há mais de cinco anos era fisiologicamente doze anos mais jovem do que o correspondente à sua idade cronológica. Como parâmetro fisiológico serviram a pressão sangüínea mais baixa, uma melhor visão de perto e melhor capacidade auditiva. Além da regularidade da prática da Meditação Transcendental, também foram levados estatisticamente em conta os hábitos de alimentação das pessoas que meditavam. Os que meditavam há pouco tempo eram cerca de cinco anos mais jovens do que o correspondente à sua idade cronológica.

Referências:
1. *International Journal of Neuroscience* 16 (1982):53-58
2. *Journal of Personality and Social Psychology* 57 (1989): 950-964
3. AGE 10 (1987): 160

Envelhecer é desenvolver-se

Os processos da vida ocorrem em ciclos e seguem uma direção significativa em sua evolução. Infância e juventude, ficar adulto e idoso têm sua própria importância. Eles cunham o nosso desenvolvimento para uma unidade mais elevada, para o eu transcendente, o âmago imutável do nosso ser. Trata-se daquele âmbito em nós que sempre sentimos da mesma maneira. Quando tocamos no nosso esterno e dizemos "este sou eu", sempre queremos dizer exatamente este "um", o mesmo. É óbvio que o próprio ser não se modifica com os anos. O que muda é o corpo, com o qual nos identificamos. O eu, ao contrário, continua sem impressionar-se com as mudanças no tempo e no espaço. Ele não participa do processo de envelhecimento. Ao contrário, ele é a valiosa fonte da juventude, da sabedoria e da inteligência que possuímos. Mais ainda: nosso verdadeiro e derradeiro cerne imortal profundamente íntimo *é* juventude, *é* conhecimento, *é* saúde perfeita.

A reversão do processo de envelhecimento

Sabe-se que nem todos envelhecem com a mesma rapidez. Muitas pessoas de 80 anos ainda parecem "radiantes de vida", ao passo que o quarentão estressado já pode parecer em seus anos ainda jovens muito encanecido e velho. Portanto, a idade cronológica, a idade em anos de vida não significa o mesmo que a idade biológica.

Como é verdadeira a sentença: *Sou tão jovem quanto me sinto!*

Jovem e em forma até a idade avançada com a MT

O mergulho diário no profundo silêncio da meditação tem efeitos muito visíveis sobre a idade biológica. Mais de vinte exames científicos mostram que com a prática mais prolongada e regular da MT acontece um rejuvenescimento biológico. Pessoas que meditam há bastante tempo são biologicamente anos mais jovens do que outras pessoas com a mesma idade cronológica. Um sinal característico especial disso é o DHEA-S, um hormônio esteróide. Um teor reduzido desse hormônio está estreitamente ligado ao envelhecimento e vale como um sinal individual da idade biológica de uma pessoa. Os cientistas constataram que, em pessoas que praticam a MT há longo tempo, os valores desse hormônio ainda eram tão altos quanto em pessoas de um grupo de controle, que eram de cinco a dez anos mais jovens. O motivo decisivo para esse efeito de rejuvenescimento é a paz profunda e a descontração da meditação. Com isso, os fatores de *stress* que levam ao envelhecimento prematuro são eliminados.

Seniores elevam a sua expectativa de vida

É óbvio que isso pode ter efeitos positivos até em pessoas muito velhas. Num estudo de vários anos em habitantes de asilos para idosos, psicólogos norte-americanos descobriram que as pessoas mais velhas que praticavam a MT de modo regular podiam aumentar consideravelmente a sua expectativa de vida.

Os pesquisadores dividiram os moradores desse asilo em quatro grupos, segundo critérios aleatórios: um primeiro aprendeu técnicas de relaxamento, o segundo participou de exercícios de concentração, o terceiro aprendeu a MT e o quarto serviu somente de termo de comparação. Depois de três anos, dos 478 moradores do asilo que não haviam participado do programa de MT, só estavam vivos 62,5%. Das pessoas testadas do grupo de relaxamento ainda viviam 65%, enquanto que dos membros do grupo de concentração 87% ainda viviam. Dos que praticavam regularmente a MT ainda não havia morrido nenhum.

"Medicus curat,
natura sanat"
"O médico trata,
a natureza cura"
Provérbio latino

Capítulo 7
MEDITAÇÃO E *MANAGEMENT*

A Meditação Transcendental é usada com sucesso em muitos grandes empreendimentos. Deixemos, então, simplesmente alguns líderes contar seus sucessos com a MT com suas próprias palavras:

"A Meditação Transcendental melhora o funcionamento
geral da fisiologia cerebral. Ela ajuda a liberar a criatividade,
na medida em que tira a pressão e a tensão da mente e do corpo.
Hoje precisamos de um método eficaz para tranqüilizar a mente.
Aqui a MT comprova ser muito útil."

Hideo Itoh, médico-chefe da empresa do fabricante japonês de carros Toyota

"Para mim, a MT é o meio de entrar outra vez em contato
com o meu eu interior. Ela me dá calma, estabilidade e visão intuitiva
dos acontecimentos no meu ambiente. Eu acho que a MT trabalha no
campo básico da mente e do corpo e os integra cada vez mais."

Peter Koridon, antigo gerente da IBM na Holanda

"Para obter uma maior sintonia com a própria natureza e liberar os nossos talentos naturais, precisamos de paz interior, equilíbrio e da capacidade de neutralizar as influências perturbadoras do meio ambiente. No meu caso, a prática regular da MT contribuiu essencialmente para isso."

Johan Gilag, força diretiva na BMW da Alemanha

"Nossos empregados são harmoniosos, cooperativos, produtivos, eficientes, entusiásticos, felizes, criativos e flexíveis. Cerca de 90% dos colaboradores do telegrupo praticam a Meditação Transcendental e os efeitos podem ser vistos tanto no crescimento pessoal de cada um, quanto no crescimento de toda a organização."

Fred Gratzon, fundador e diretor do telegrupo de uma sociedade telefônica americana

"A técnica da Meditação Transcendental não só elimina o stress acumulado, mas também evita — quando é praticada regularmente — o surgimento dos sintomas do stress. A motivação para a criatividade se desloca: em vez de trazer desempenho a partir da pressão, nós nos tornamos expressão viva de uma alegria de viver que flui naturalmente. Há menos conflitos entre profissão e família quando ambos os planos da vida são regidos pelo fluxo da alegria de viver."

Nikolaus Fürst Blücher, ex-diretor da Siemens, Alemanha

"Depois da meditação estou equilibrado, bem-humorado e me sinto repleto de energia. Constato que os meus relacionamentos com os meus semelhantes se tornaram mais harmoniosos."

Herbert Groschup, empresário

> *"Ainda hoje, depois de três anos, sempre me alegro pela sorte que tive de encontrar alguém que me contou alguma coisa sobre a Meditação Transcendental. Isso por certo se deve especialmente ao fato de que essa técnica fácil de usar e digna de confiança funciona e oferece melhoras e é uma grande ajuda em todos os âmbitos da vida. Aprendi a MT junto com toda a minha família num momento em que todos nós, entre outras coisas, estávamos num estado extremamente problemático, condicionado pelos enormes encargos do cotidiano profissional.*
> *Logo depois de três semanas de meditação, constatei que as minhas dores de estômago, que haviam me atormentado durante muitos anos de tensão nervosa, haviam desaparecido. O stress profissional, o aborrecimento com os clientes de repente se tornaram muito mais fáceis de controlar. Depois da meditação noturna as irritações do dia desaparecem e não são mais projetadas como antes sobre a família, especialmente sobre os filhos."*
>
> **Ingrid Born**, empresária

Expressão de uma nova cultura empresarial: A MT em empresas e grandes firmas

O *stress* na vida profissional hoje é mais do que nunca um problema. Mas também há um outro desenvolvimento que, há alguns anos, vem se instalando em empresas de médio porte e em grandes firmas: uma nova cultura da direção empresarial e pessoal.

Reconheceu-se que o sucesso de uma empresa depende, entre outras coisas, da saúde, da criatividade e da satisfação dos seus colaboradores. Por isso, esses atributos devem ser incluídos no âmbito diário do trabalho muito mais do que no passado. Isso também quer dizer que novas idéias, experiências e o conhecimento individual dos colaboradores devem ser estimulados e respeitados e que devem ser incluídos no trabalho de equipe e nos processos comuns de decisão — mesmo quando se trate de uma crítica ou de uma sugestão de melhoria para o próprio lugar de trabalho. Um ponto de vista importante é a crescente equiparação dos colaboradores nos diversos âmbitos de atividade. Pois a melhoria e a continuação do desenvolvimento de um produto vivem hoje das sugestões dos colaboradores de todos os planos hierárquicos da empresa.

Assim sendo, a saúde, o bem-estar e a satisfação dos que trabalham numa empresa moderna devem ser crescentemente observados e estimulados, por exemplo, por meio de seminários sobre saúde dentro da empresa.

Dirigentes de empresas sociais descobrem a MT

Esse desenvolvimento e as experiências positivas extraordinárias com o programa de MT em empresas fizeram com que, nos últimos anos, a MT fosse introduzida em empresas sociais dirigentes numa grande extensão da Europa, EUA e Ásia como técnica de relaxamento e meditação. Assim sendo, a firma

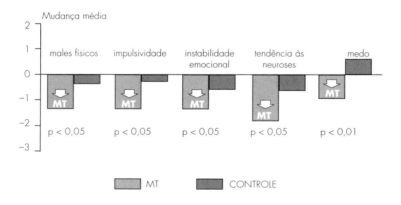

Num estudo grandioso do Instituto Nacional de Saúde, no Japão, 447 empregados foram instruídos pelo Sumitomo Heavy Industries na técnica da Meditação Transcendental e comparados durante cinco meses com um grupo de controle de pessoas que não meditavam (321 empregados). O grupo dos que meditavam mostrou uma redução significativa dos males corporais, da impulsividade descontrolada, da instabilidade emocional, da tendência aos comportamentos neuróticos e do medo, bem como da insônia e do fumo. Estudos feitos nos Estados Unidos mostraram que o relacionamento dos empregados com os superiores e os colegas da organização melhorou perceptivelmente com a Meditação Transcendental.

Referências:
1. Japanese Journal of Industrial Health 32 (1990):656.
2. Japanese Journal of Public Health 37 (1990):729.
3. Academy of Management Journal 17(1974):362-368.
4. Scientific Research on the Transcendental Meditation Program. Collected Papers. Vol. 1 (Livingstone Manor; MERU Press, (1977): Arbeit nr. 97,630-638.

eletrônica japonesa Sony, um dos maiores trustes mundiais em sua categoria, recomendou a MT em 1990 a todos os colaboradores num folheto de oito páginas. A direção empresarial da Sony informou-se antes sobre os efeitos da MT sobre a saúde e o tipo especial de estímulo da criatividade dessa meditação e, em seguida, ela mesma a aprendeu. Ficaram tão entusiasmados com os efeitos positivos, que decidiram oferecer a MT em todas as empresas do truste Sony.

Mais de oito mil trabalhadores da Sumitomo Industries, uma poderosa firma japonesa de metais pesados, foram instruídos na Meditação Transcendental. Yoshima Funato, um gerente sênior da empresa, julgou o valor da MT para si mesmo da seguinte maneira: "Depois da Meditação Transcendental o meu raciocínio é mais claro e o cansaço desapareceu. Além disso, alegro-me outra vez com o meu trabalho e percebo que penso mais positivamente. Especialmente depois de grandes solicitações e tensões o efeito pronunciado chama a atenção."

Também fabricantes de automóveis exigem meditação dos seus funcionários. Um truste já havia executado vários meses de "provas" com a MT. Os resultados foram claros: 50% dos empregados que meditavam dormiam melhor, 37% bebiam menos álcool e 55% fumavam consideravelmente menos.

Um dos maiores sistemas dos Correios nos EUA participa, por meio do seu programa interno de formação e saúde, pagando as taxas dos seminários de MT quando os empregados querem aprender essa meditação. Os colaboradores de um fabricante líder de computadores nos EUA recebem de volta, por meio do *Life-Management-Account*, uma parte do custo ao participarem do curso básico de MT.

A empresa química norte-americana Montgomery também recomendou a MT aos seus colaboradores em virtude dos exames que ela fez. Depois de um tempo de observação de três anos, houve melhoras notáveis. O dono da empresa, R. W. Montgomery, explica: "Os colaboradores têm mais alegria no trabalho. Eles são mais criativos e produtivos. As faltas diminuíram 85% e os acidentes de trabalho, 70%. A produtividade aumentou 120%!"

Outros estudos nos Estados Unidos mostraram que o relacionamento dos empregados da empresa com os superiores melhorou visivelmente, bem como também o relacionamento com os colegas.

Isso tudo mostra que esta antiga técnica védica de meditação é tanto um processo eficaz para o estímulo da criatividade e produtividade na empresa, como um estímulo para a saúde dos colaboradores.

A simplicidade e a eficácia da MT são especialmente valorizadas

A vantagem especial dessa meditação nessa área é que ela é muito fácil de aprender e praticar. O Sr. S., empresário da Kfz, que dirige três grandes empresas, menciona suas experiências como segue: "Eu já tentei muitas coisas, entre outras, o Zen. Mas nada foi tão simples, tão fácil como a MT. Também tentei o pensamento positivo e as fitas de meditação. Mas isso me causava antes uma pressão de desempenho e até me dava dores de cabeça. A MT é totalmente diferente. Posso relaxar, dar livre curso aos meus pensamentos. Também profissionalmente é confortável intercalar quinze a vinte minutos de meditação no decurso do dia.

Antigamente eu era um dorminhoco, hoje gosto de me levantar cedo a fim de fazer a minha MT. Em contrapartida, o meu sono é excelente e eu sinto um equilíbrio interior que não conhecia antes."

Controle do *stress* na vida profissional

Segundo uma pesquisa representativa com dois mil trabalhadores por incumbência do nordrhein-westfälischen Sozialministeriums os funcionários sofrem parcialmente de males físicos e psíquicos provocados pelo *stress*. Um em cada três empregados se queixa da elevada pressão de tempo e de responsabilidades grandes demais, e um em cada cinco sente-se sobrecarregado pelas exigências do trabalho. Como fatores de *stress* são mencionados a apresentação de tarefas complicadas e trabalho físico pesado, subprodução, monotonia e esvaziamento do sentido do trabalho. Outros fatores são a insegurança no local do trabalho, bem como o trabalho em turnos e o trabalho noturno.

O Dr. Klaus Karies, professor de Sociologia na Escola Técnica Superior de Hannover, em seu artigo "Stressmanagement-Erfolgspotentiale für Unternehmen"[Gerenciamento do *stress* e potenciais de sucesso] menciona nesse contexto a meditação como um meio *apropriado para combater as conseqüências físicas e psíquicas do* stress *no local de trabalho*. Segundo sua opinião, a Meditação Transcendental é especialmente adequada, visto que é testada cientificamente mais a fundo e estudos prolongados demonstram seu grande valor para a saúde.

A partir da análise de dados científicos disponíveis sobre a MT, o Professor Karies chega à conclusão de que o gerenciamento bem-sucedido do *stress* não só aumenta a criatividade e a flexibilidade da empresa, mas também é um meio mental apropriado para diminuir os custos com a saúde — e, na verdade, sem uma nova divisão dos encargos. Dessa maneira, também é possível diminuir a longo prazo os custos empresariais do departamento pessoal.

A Meditação Transcendental também funciona no local do trabalho

Como introduzir a MT numa empresa?

A fim de ensinar de modo determinante a MT numa empresa, visando às suas necessidades, desenvolveu-se um sistema especial de ensino: o Maharishi Corporate Development Programme (MCDP) [Programa Maharishi de Desenvolvimento empresarial]. Antes de tudo, esse conceito oferece a possibilidade de as forças dirigentes aprenderem a MT num padrão e ambiente ao qual elas também já estão acostumadas, graças a outros seminários da empresa ou treinamentos de gerenciamento. A extensão do treinamento de MCDP ultrapassa de longe a dos seminários habituais de MT com os sete passos e o cuidado posterior. Ele não se baseia unicamente nos conhecimentos modernos de gerenciamento e direção empresarial, mas também em conhecimentos védicos básicos essenciais das leis com que podemos ter sucesso na vida, sem ferir as leis da natureza. Também esse âmbito do conhecimento tirado dos vedas, muito interessante para a cultura empresarial moderna, foi revivido por Maharishi Mahesh Yogi e é oferecido sob o conceito de Maharishis Master Management (MMM) [Gerenciamento Master de Maharishi].

Quando a MT é introduzida com grande estilo numa empresa, é recomendável empregar um professor de MT. Este pode, entre outras coisas, preocupar-se com os cuidados dos colaboradores e com a meditação regular conjunta e realizar as provas de meditação (*checkings*). Com isso, pode-se cuidar para que cada colaborador pratique a MT individualmente, para seu próprio bem-estar e para a melhoria do clima de trabalho na empresa, por necessidade também com um parceiro simpático constante.

Resumo:

A MT nas empresas

➡ estimula e mantém a saúde física e psíquica
➡ melhora o clima no local de trabalho e os relacionamentos sociais
➡ aumenta a produtividade da empresa
➡ estimula e desenvolve o potencial criativo da empresa.

> *"A MT é a técnica que possibilita*
> *aos homens aprender*
> *tudo o que as religiões de todas*
> *as eras ensinaram."*
>
> Maharishi Mahesh Yogi

Capítulo 8

MT E RELIGIÃO

Hoje a meditação se transformou num conceito. Em toda parte, defrontamo-nos com esse assunto. Na verdade, ele deve ter alcançado significação social, pois também a propaganda — sempre um espelho das tendências da época — descobriu as pessoas que meditam sentadas na posição de lótus: o cartaz como uma figura simbólica de saúde para um plano de assistência médica ou como símbolo de independência e relaxamento para a indústria dos cigarros. Isso nos mostra como é grande a necessidade que a sociedade tem de relaxamento, regeneração e autodescoberta.

As grandes igrejas tradicionais ainda encontram certas dificuldades com essa erupção para dentro no mundo. Apesar de elas já terem começado a oferecer seminários nesse sentido em suas ações de formação para adultos, e apesar de tantas pessoas buscarem os mosteiros para a meditação, elas enfrentam um dilema ideológico. A maioria de todas as técnicas espirituais, sem levar em consideração seu valor real para o desenvolvimento da personalidade, no que se refere ao conteúdo baseia-se no valor integral da contemplação do mundo, como a encontramos mais nas filosofias orientais e menos na estrutura de ensino das igrejas ocidentais oficiais. As técnicas da MT não oferecem esse problema e, como pessoa religiosa, o indivíduo pode sem problemas sintonizar suas experiências de meditação com a sua fé, na medida em que esta é tocada por elas.

A teologia enrijecida das Igrejas, ao contrário, tem problemas com todos esses métodos e ensinamentos. Por um lado, naturalmente, ela não quer afastar ainda mais os seus fiéis da Igreja; por outro, ela vê que os supostos princípios básicos da sua crença correm perigo. Mas qual é o verdadeiro problema?

Quando nos ocupamos mais de perto das diversas direções esotéricas ou espirituais e dos métodos, isso fica claro: em essência, eles estão de acordo em sua concepção de ser humano, natureza e cosmos, vida após a morte, o sentido e o objetivo da vida. O objetivo parece definido, no entanto, os caminhos são diferentes. E o objetivo é a autodescoberta. Esse caminho foi descrito nos últimos anos por milhões de pessoas também aqui nas nações industriais. Ele parece uma ruptura espiritual que, apesar dos mais diferentes esforços das forças conservadoras, religiosas e políticas, não pôde ser detida.

O que chama a atenção é que são principalmente as pessoas jovens que são religiosas de maneira natural, sem sentir-se amarradas a determinada comunidade religiosa. Com isso, a influência direta das grandes Igrejas sobre seus fiéis desaparece consideravelmente. Assim, a crença numa orientação que vem do coração parece desigualmente mais disseminada do que a confiança em dogmas de concílios, manifestos papais ou decretos dos bispos.

Por esse motivo, as grandes Igrejas bem que tentam transferir seu campo de atividade cada vez mais do aprofundamento da crença para a política. Com isso, elas querem continuar socialmente na conservação e com seu *engagement* social manter seu reconhecimento; porém, desse modo não reconquistarão seus fiéis a longo prazo!

Será necessário reconhecer que o amor, a compaixão, a disposição de ajudar, a vida religiosa e o reconhecimento de valores morais provêm do íntimo dos seres humanos. Também de um sacerdote espera-se que ele seja um "conhecedor", que traga em si mesmo o silêncio. Ele não deve somente falar disso, mas ter-se aberto à sabedoria e aos mistérios da vida. O homem religioso de hoje espera autenticidade! Ele não busca uma teologia construída, mas sabedoria direta, que vem do coração.

Hoje, os mestres religiosos precisam ter a capacidade de devolver o silêncio interior àqueles que o desejam, para que, assim, eles entrem em contato com o divino.

Nós consideramos errado o procedimento das Igrejas quando elas fazem campanhas com a ajuda dos assim chamados "especialistas sectários" por medo de perder o seu poder e posição, a fim de apresentar outros agrupamentos espirituais como possivelmente questionáveis ou até mesmo como perigosos. Questiona-se se essas ações, que provocam medo e visam assustar, têm uma base verdadeira no caso isolado. A comissão de pesquisa do jornal alemão *Bundestage*, que teve de se ocupar com esses questionamentos e que, em 1998, depois de dois anos de trabalho, publicou o seu relatório, não pôde confirmar o medo em parte atiçado objetivamente pelas grandes Igrejas. Famosos cientistas religiosos não só manifestaram abertamente suas sérias dúvidas, mas fizeram em parte uma crítica intensa ao procedimento e à sinceridade das Igrejas oficiais contra as pessoas com pensamento diferente.

Seja como for que valorizemos esses desenvolvimentos, uma coisa parece destacar-se: os encarregados dos questionamentos ideológicos das confissões cristãs comprovam-se crescentemente como "coveiros da Igreja". Eles expulsam exatamente das suas fileiras aqueles que ainda sentem ou sentem outra vez uma necessidade fundamental e vital de experiência espiritual que, no entanto, não conseguem mais saciar dentro da sua religião. Essas pessoas são e foram o verdadeiro potencial religioso da Igreja. Agora elas se sentem difamadas e delimitadas pelo comportamento dos encarregados das ideologias cristãs.

Nós não somos cientistas da religião, mas médicos, e lidamos todos os dias com a alma dos seres humanos. E isso é previsível: as pessoas de todas as orientações religiosas e ideologias estão na busca — e, de fato bem claramente, em busca de si mesmas. Isso sabem há anos os psicólogos e psicoterapeutas, cujos consultórios estão com a agenda sempre lotada.

Prescrições teológicas, normas de comportamento e pressão moral hoje não levam a nada. Elas estão inteiramente fora de lugar, quando se trata da saúde anímica das pessoas. Se quisermos saciar o infinito anseio profundo, a saudade que o coração tem do amor, da felicidade e da perfeição segundo a plenitude espiritual, então precisamos de um acesso prático ao interior, uma técnica de recolhimento (*re-ligio*, religação) ao nosso eu interior, origem e fonte da vida religiosa — assim como era ensinada em todas as tradições de sabedoria da história da humanidade.

A partir da nossa experiência, podemos dizer que a Meditação Transcendental é um método que ajudou numerosas pessoas a encontrar outra vez os valores e a sabedoria na sua própria crença, que não teriam encontrado sem esse acesso eficaz e natural ao interior. Os sacerdotes que praticam a MT há muitos anos confirmam o seu valor também para a sua própria vida religiosa e o cumprimento de suas tarefas sacerdotais. Perpassando todas as comunidades religiosas existem referências segundo as quais a MT, como uma técnica de valor neutro, não está em conflito com nenhuma crença e nenhuma religião.

O rabino Alan Green, diretor de uma comunidade de fé judaica de Winnipeg/Canadá, pratica a MT há 23 anos:
"A Meditação Transcendental transformou-me num rabino muito melhor. Ela me deu a possibilidade de obter uma visão ilimitada das profundezas da vida. Por isso, hoje estou em condições de transmitir um conhecimento realmente profundo sobre minha própria tradição. Posso cumprir meus deveres de rabino como espero cumprir os meus deveres pessoais."

Um sacerdote católico do sul da Alemanha aprendeu a MT há cinco anos e desde então não falta a nenhuma sessão. Antes ele praticava o treinamento autógeno, mas na sua opinião a MT é essencialmente mais fácil e eficaz. Ele diz:
"A MT é uma técnica neutra e simples, que pratico duas vezes por dia. Pela manhã já me alegro com a minha meditação noturna e vice-versa. Ela me dá boa forma, eu me recupero e, depois de cada meditação, sinto-me maravilhosamente descontraído."

Uma bispa evangélica do sudoeste da Alemanha, pratica a MT há mais de 25 anos:
"Fiquei conhecendo a Meditação Transcendental no início dos meus estudos de teologia e fiquei muito interessada, porque queria treinar o meu intelecto. Pouco a pouco, chamou-me a atenção que algo ficou diferente em mim: logo o essencial não foi mais poder falar e escrever melhor sobre os conteúdos religiosos e correspondentemente os dogmáticos; o essencial para mim, então, foi que os meus sentimentos começaram a tornar-se mais fortes, profundos e a minha capacidade de amar mais resistente. Para mim, pessoalmente, e não menos como protetora de almas, essa é uma conquista pela qual sou simplesmente grata."

O **pastor protestante Craig Overmeyer de Indianápolis/EUA** viveu pessoalmente a valiosa ligação da fé cristã com a meditação. Ele relata: *"Sempre senti que a técnica da MT foi de grande ajuda para o meu crescimento espiritual. Ela nunca substituiu a minha fé cristã, mas sempre foi uma ajuda. O fato é que decidi dedicar a minha vida a Cristo depois que pratiquei a MT durante três meses."*

Também o **Padre Kevin Joyce de San Jose/EUA**, que medita há vinte anos, acha que a MT é um apoio para sua fé cristã;

"A meditação de vinte minutos duas vezes por dia me dá paz interior e grande energia. Eu rezo até mesmo a missa com muito mais devoção e clareza."

> *"Quando fundei o movimento da MT, eu só tinha um pensamento: eu tenho algo que é útil para todas as pessoas. Eu não contei quantos milhões de pessoas existem no mundo. Eu só quis dar generosamente o que eu tenho, o conhecimento do absoluto."*
>
> Maharishi Mahesh Yogi

Capítulo 9

MAHARISHI MAHESH YOGI E O MOVIMENTO DA MT

Nos últimos quarenta anos, mais de seis milhões de pessoas em todo o mundo aprenderam a técnica simples da Meditação Transcendental de Maharishi. Elas descobriram que bastam apenas vinte minutos de silêncio interior duas vezes por dia para experimentar estados mais elevados de consciência e com isso desenvolver mais felicidade, energia e conhecimento em todos os âmbitos da vida.

Maharishi Mahesh Yogi, criador da Meditação Transcendental, erigiu uma construção sistemática de conhecimento nesta época. Foram formados mais de quarenta mil professores da MT, mil centros de aprendizado, cem escolas e universidades. O conhecimento védico de Maharishi e os programas derivados dele para o desenvolvimento total do potencial humano são usados hoje em empresas, instituições públicas e no ambiente privado em praticamente todos os países do mundo. De onde vem esse conhecimento? A partir de onde começou uma atividade tão dinâmica?

Um encontro com o mestre

Maharishi Mahesh Yogi, fundador do movimento da Meditação Transcendental, é o representante de uma tradição de sabedoria, exatamente a tradição védica, cujas origens estão muito distantes da nossa história documentada. O conhecimento dessa tradição foi transmitido oralmente de professor para aluno, até que se começasse a anotá-lo por escrito, no primeiro século antes de Cristo. Com relação à idade, continuidade, extensão e multiplicidade, a literatura védica é única na Terra.

Ainda durante o seu estudo de Física na universidade em Allahabad, na Índia, Maharishi Mahesh Yogi buscou o contato com o sábio Brahmanand Saraswati, respeitosamente chamado de guru pelos seus alunos.

Sempre e por toda parte onde Maharishi se detém ou se apresenta, ainda hoje existe presente uma imagem desse mestre altamente venerado. E não somente nos quadros, mas também em suas palestras ele sempre se refere novamente ao seu mestre Guru Dev.

"A vida de Guru Dev", conta Maharishi em um dos seus livros, "foi uma vida de silêncio, silêncio eterno... nas florestas profundas da Índia, longe das moradias humanas. Ali ele viveu dos 11 até seus 70 anos. Quando analiso isso agora, eu penso: sua vida individual entrou em tão profundo silêncio para que, desse silêncio, nos anos que se seguiram, pudesse fluir uma grande atividade."

Depois de vinte anos de contemplação, Guru Dev tomou a cadeira de Shankara-charya de Jyoth Math, no norte da Índia. Esse é um dos quatro principais centros de ensino fundados por Shankara, um conhecido mestre da tradição védica hindu, os quais serviam para manter seu ensinamento puro e assegurar que ele continuaria a ser transmitido em sua total extensão. Em sua época, Guru Dev era considerado um dos mais famosos sábios da Índia, e, naquela ocasião, foi nomeado pelo presidente do país e filósofo, Dr. Radhakrishnan, como a "personificação do Vedanta", o mais elevado conhecimento védico. Maharishi Mahesh Yogi, que anteriormente havia obtido um diploma universitário de Física, passou treze anos como aluno dele e recebeu uma instrução abrangente sobre o conhecimento védico. Depois que Guru Dev deixou este mundo, em 1953, Maharishi recolheu-se à solidão e ao silêncio das cavernas de Uttar Kashi, no Himalaia, a fim de aperfeiçoar o seu conhecimento em profunda meditação.

Como tudo começou:
A fundação de um movimento de renovação espiritual em 1958

Depois de apenas dois anos, o silêncio de Maharishi foi estimulado por um pensamento delicado, que se repetia sempre. Ele sentiu o impulso de ir para Rameshvara, uma cidade do sul da Índia. Sem intenções firmes, ele seguiu essa idéia e viajou sozinho das alturas do Himalaia para a mais extrema ponta do sul da Índia. A inquietação e o sofrimento dos seres humanos que ele encontrou ali estavam em grosseira oposição àquilo que vivera como yogue e aprendera com os sábios védicos. De memória, ele expressou o que ali sentiu da seguinte maneira: "Eu estava convicto de que não é necessário ao ser humano sofrer. Os vedas dizem: 'Tudo é felicidade. Eu sou felicidade, infinito, ilimitado, eterno e imutável.' Mas onde esta realidade estava visível na vida diária dos homens?

"Eu tinha o sentimento natural bem profundo de que algo teria de acontecer para que os homens não sofressem mais, pois não há motivo para o sofrimento!"

Antes da sua planejada viagem de volta às montanhas do Himalaia, Maharishi Mahesh Yogi foi convidado a dar algumas palestras. Em poucos dias, sem esforço especial, alguém havia organizado sete palestras para ele. O sucesso foi impressionante: diariamente o número de ouvintes duplicava. E, de modo não-intencional e espontâneo, esse foi o início de uma atividade pedagógica por todo o mundo.

Maharishi lembra: "Eu não dei importância ao fato, achava tudo um passatempo antes da minha viagem de volta!" Mas os ouvintes, que também haviam aprendido a Meditação Transcendental com ele, pediram que ele continuasse a ensiná-los. Assim, finalmente, ele ficou seis meses na confederação Kerala, no sul da Índia, e iniciou uma viagem de dois anos dando palestras por toda a Índia. Em toda parte a sua mensagem era a mesma: a verdadeira natureza da vida é a felicidade; todas as pessoas podem experimentar uma consciência ilimitada de felicidade e integrá-la em sua vida diária pelo método sem esforço da Meditação Transcendental.

Em dezembro de 1957, finalmente ele fundou, no contexto de um seminário em Madras, o "Movimento de Regeneração Espiritual"(*Spiritual Regeneration Movement, SRM*), e no dia 1º de janeiro de 1958 começou formalmente a sua atividade de ensino em todo o mundo.

Quarenta anos de movimento da MT

A partir desse dia, Maharishi Mahesh Yogi trabalhou incansavelmente para tornar a Meditação Transcendental e o conhecimento prático do veda acessíveis a todos em todo o mundo.

Nos **primeiros dez anos** da sua atividade (**1958-1967**) ele circulou o globo todo quase uma vez por ano. Fundou institutos de ensino em todos os continentes; mais tarde, também academias de meditação. Ao formar professores de Meditação Transcendental, ele por assim dizer se multiplicou e acelerou a possibilidade de cada vez mais pessoas poderem encontrar acesso ao silêncio interior, ao seu próprio eu interior. Naquela ocasião escreveu entre outros dois livros que ficaram conhecidos no mundo inteiro: *A sabedoria do ser e a arte da vida* e seu comentário sobre os primeiros seis capítulos do *Bhagavad Gita*. Nesses livros, ele mostra o caminho sistemático para os estados mais elevados de consciência e para uma sociedade livre de problemas. Hoje eles são contados entre os clássicos da literatura espiritual mundial.[1]

Na segunda **década** do movimento da MT (**1968-1977**), a pesquisa científica sobre a Meditação Transcendental e os estados de consciência mais elevados provocados por ela estavam em primeiro plano. Até hoje, em todo o mundo foram publicados mais de seiscentos estudos científicos sobre a Meditação Transcendental nas mais famosas revistas especializadas. Além disso, em numerosos simpósios especializados, Maharishi discutiu com cientistas famosos e vencedores do prêmio Nobel sobre as concordâncias básicas entre o raciocínio ocidental e o oriental.

Entre os pontos altos dessa década estão a formulação da "Ciência da Inteligência Criativa", que expressa o conhecimento védico antiqüíssimo em conceitos orientados para o nosso tempo, a descoberta do "Efeito Maharishi" (veja capítulo 10) e o desenvolvimento dos programas de MT-Sidhi, incluindo os vôos yóguicos.

Em virtude dessas novas possibilidades de desenvolvimento da consciência humana e apoiado pela pesquisa científica, Maharishi viu surgir uma nova era para a humanidade como um todo. Ele denominou esse novo tempo, que é caracterizado pelo total desenvolvimento do potencial humano simultaneamente com a paz e o bem-estar da sociedade, como "A alvorada da era da iluminação".

Nos **dez anos seguintes** (**1978-1987**) Maharishi dedicou-se intensivamente ao Veda e à literatura védica. Ele reorganizou a literatura védica e reanimou sistematicamente os diferentes ramos do conhecimento védico tradicional, que foram esquecidos e falsificados durante o longo domínio estrangeiro ao qual a Índia esteve sujeita durante mais de dois milênios. As-

---

1. A versão alemã de ambos os livros foi publicada pela editora Kamphausen, Bielefeld.

sim, por exemplo, surgiu no trabalho conjunto com os especialistas dirigentes do Ayurveda da Índia e dos médicos ocidentais do Ayurveda de Maharishi, um sistema de medicina integral novamente completo, que desde então é usado e valorizado crescentemente em todo o mundo.

Depois que Maharishi colocou o ponto alto de sua atividade de ensino nos programas de MT e MT-Sidhi durante 25 anos, a fim de com isso provocar um crescimento constante da consciência mundial, agora ele começou também a reanimar e tornar acessíveis o conhecimento de *Jyotish* (astronomia e astrologia védica), *Thapatya* veda (arte e arquitetura védica) bem como o *Dhanur* veda (política védica) nos cursos públicos.

Nos **últimos dez anos (1988 a 1998)**; Maharishi continuou a completar e aprofundar o seu conhecimento védico e usou simultaneamente muito tempo para dar um enquadramento organizacional para que houvesse uma contínua divulgação do conhecimento reanimado por ele. As universidades védicas Maharishi e as universidades Ayurveda Maharishi foram chamadas à vida em todas as partes do mundo. Foi publicado ou está perto da publicação um número quase inimaginável de livros nos campos especializados da ciência védica, da ciência da política, da pedagogia e do ensino, da medicina védica e das entidades de saúde, arquitetura e planejamento urbano, sociedade e gestão empresarial.

Todos eles testemunham o grande esforço de Maharishi para eliminar o sofrimento no mundo e formar o nosso mundo de tal modo que as forças positivas dominem e as tendências negativas sejam mantidas nos seus limites. Maharishi quer criar novamente uma natureza sadia e uma sociedade florescente. Ele chama isso de "Céu na Terra".

Maharishi Mahesh Yogi há alguns anos vive muito recolhido nos edifícios da sua universidade védica, numa tranqüila área florestal perto da fronteira entre a Alemanha e a Holanda. Sem levar em conta sua idade avançada, ele trabalha incansavelmente numa multiplicidade de projetos. Em conversas pessoais, ele sempre torna a surpreender com suas afirmações contundentes e o seu humor. "O céu na terra nunca é alcançado pelo trabalho árduo, mas somente pela propagação da coerência e felicidade", assim ele comentou a sua própria atividade, sendo assim também um exemplo para os seus colaboradores.

Maharishi Open University —
uma nova dimensão em formação e educação

No verão de 1998, Maharishi Mahesh Yogi fundou a Maharishi Open University, uma instituição de educação única, aberta a todas as pessoas que queiram obter conhecimento completo sobre a natureza da vida. O especial nessa universidade é que, depois de um estudo básico que transmite conhecimento abrangente sobre a vida em sintonia com as leis da natureza, também se podem fazer cursos profissionalizantes nos campos da gestão empresarial, arquitetura etc. também em casa, diante da televisão. Todas as lições podem ser captadas pelas televisões por satélite. Por meio de mais de oito diferentes satélites, diariamente são traduzidas as palestras de Maharishi por professores especializados nas línguas mais importantes, e irradiadas para todos os continentes. Com isso, é possível atualmente que todos recebam ao mesmo tempo o conhecimento espiritual e prático, sem deixar as paredes da própria residência, conhecimento que renova e organiza a sua vida a partir das bases.

*"O microcosmo é como o macrocosmo —
assim como o átomo, assim é o universo
— assim como o espírito humano,
assim é o espírito cósmico."*

Sabedoria védica

Capítulo 10

O MUNDO É A MINHA FAMÍLIA

A experiência: meditação contra criminalidade

"Essa época faz parte das minhas mais belas experiências", conta Sigrid H., diretora de escola com 55 anos de idade. "Foi maravilhoso meditar e viver harmoniosamente junto com tantas outras pessoas. Infelizmente, tudo foi somente uma experiência e não uma situação duradoura!"

Sigrid gosta de falar sobre essa experiência muito especial. Ela havia visitado uma assim chamada "reunião pela paz mundial" no verão de 1993 em Washington, capital dos Estados Unidos. Esses festivais são realizados regularmente pela organização internacional de MT há duas décadas, para introduzir uma influência pacífica, compensadora e protetora nas crises em regiões de conflito. Sobre o segundo plano empírico e científico dessas ações ainda falaremos com mais profundidade.

Um futuro inusitado em Washington

A reunião em Washington teve uma colocação de valor especial. Ela foi um projeto de alto investimento, uma experiência que foi combinada com as autoridades da cidade e sob condições de severos critérios científicos. Washington, que possui também a fama pouco honrosa de ser a "capital do crime" (portanto a principal cidade dos criminosos), foi por isso conscientemente escolhida. Pois, se, mesmo nessa metrópole tão duramente castigada pela criminalidade, a taxa de crimes diminuísse eficaz e estatisticamente pela prática conjunta da Meditação Transcendental e, correspondentemente, dos programas de MT-Sidhi, e não houvesse dúvidas a respeito, isso teria conseqüências de grande alcance. Seria de esperar, então, que os responsáveis pela política e pela sociedade usassem essa possibilidade até o momento praticamente não usada de gerar a paz e melhorar a "atmosfera" de uma cidade ou país, reconhecê-la ou ao menos continuar a testá-la.

A pergunta que surge naturalmente é: não seria adequado admitir que quatro mil pessoas avançadas meditando, todas praticantes do programa de MT-Sidhi, possam ter uma tal influência: menos violência, menos incidentes, menos doenças e sofrimento numa cidade com muitos milhões de habitantes?

Vamos tentar responder a essa pergunta de vários pontos de vista. Primeiramente, vamos lidar com o antiqüíssimo modo de contemplação védico do ser humano e da sociedade.

O mundo é a minha família

Uma sentença védica famosa diz: *Vasudhaiva kutumbakam*, "O mundo é a minha família". Segundo essa afirmação, cada um de nós é parte de uma família maior, em que todos os membros assumem seu lugar destinado. Como na concepção védica o ser humano, a natureza e o cosmos formam uma unidade, o indivíduo também está incluído na totalidade da vida. A paz, que desenvolvemos em nós mesmos, torna-se assim uma contribuição para a grande paz no mundo, ansiada há milênios pela humanidade. A essência dessa idéia védica pode ser mais bem resumida na frase: *A paz no mundo começa no coração do homem*.

Nesse conhecimento, as personalidades dirigentes da sociedade em todos os tempos e em todas as culturas encontraram a verdadeira e única possibilidade significativa de uma paz mundial duradoura. A paz individual é a base para a paz da sociedade. Sua Santidade, o 14º Dalai Lama, formulou isso com as palavras: "Mesmo que a tentativa de provocar a paz mundial a partir da transformação interior dos indivíduos possa ser difícil, é o único caminho."

Nós podemos sentir intuitivamente o conteúdo de verdade dessas afirmações.

A paz individual como base para a paz mundial

Como a possível influência harmonizadora da Meditação Transcendental sobre a sociedade foi descoberta? Quando Maharishi Mahesh Yogi visitou o mundo ocidental pela primeira vez em 1958, ele disse que a Meditação Transcendental não seria apenas uma possibilidade de presentear a paz e a saúde para cada indivíduo, mas também de abrir uma possibilidade real para mais paz no mundo. Com freqüência, ele usava para isso a imagem: "Assim como uma floresta verde é composta de árvores verdes, só pessoas pacíficas podem ser a base para um mundo pacífico."

Para ele, que havia tomado a sabedoria e o conhecimento de uma tradição milenar, já naquela ocasião estava claro que a MT poderia provocar a paz mundial se suficientes indivíduos descobrissem a paz do profundo silêncio interior e a vivessem em si mesmos. No início dos anos 60 ele proferiu pela primeira vez que, para uma paz mundial duradoura bastaria que um por cento da população mundial praticasse a sua Meditação Transcendental.

Um por cento para uma mudança de tendência

Pontos de referência fundamentados para essa profecia só surgiram uma década depois, no ano de 1974. Sociólogos dos Estados Unidos já haviam notado naquela ocasião que, ao contrário da tendência geral das cidades, naquelas em que um por cento dos habitantes ou mais havia aprendido a Meditação Transcendental, a criminalidade diminuía de modo surpreendente, na verdade, em média em oito por cento quando comparada com o ano anterior! Comparando com outras cidades com o mesmo número de habitantes, mas com menos de um por cento de pessoas meditando, no mesmo espaço de tempo, ali a taxa de criminalidade havia aumentado intensamente, como de hábito nos Estados Unidos como um todo, naquela ocasião.

Nos anos 70, nos Estados Unidos, bem como na Europa e em muitos outros países do mundo, a Meditação Transcendental logo foi apreciada e espalhou-se rapidamente. A partir dali, os cientistas puderam juntar numerosos outros dados com relativa rapidez e incluir cada vez mais cidades na sua observação, as quais, uma depois da outra, haviam alcançado o limite de um por cento. E de fato: sempre que aproximadamente esse número de praticantes da MT era alcançado numa cidade, havia uma quebra na curva estatística do desenvolvimento da criminalidade. Se antes ela havia aumentado constante e aparentemente sem interrupções, ela começava igualmen-

Efeito-Maharishi: melhor qualidade de vida e relaxamento dos conflitos no Oriente Próximo

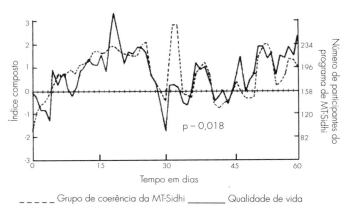

Esse estudo mostra que por meio de um grupo de pessoas que praticavam juntas a Meditação Transcendental e os programas MT-Sidhi diariamente, a qualidade de vida em Israel melhorou significativamente. Como medida, foi calculado um índice composto, que resultou do número diário dos delitos criminais, dos acidentes de trânsito, do número de atendimentos dos bombeiros, do número de mortos na guerra do Líbano, das modificações dos índices de ação e as manifestações da opinião pública na imprensa nacional de Israel.
O gráfico mostra a forte correlação entre o número de praticantes da MT-Sidhi no grupo de meditação em Jerusalém, e o acima chamado índice composto, cujo valor numérico positivo mostrou um aumento de tendências positivas.
Referência: "International Peace Project in the Middle East", *Journal of Conflict Resolution* 32: 776-812, 1988.

te a cair constante e ininterruptamente. Este fenômeno foi posteriormente chamado pelos pesquisadores de "Efeito Maharishi".

Com isso, obviamente, foi descoberto um outro efeito decisivo, até então previsto mas não comprovado, da Meditação Transcendental: sua influência social harmonizadora. Como esses resultados, que provocavam grandes discussões entre os cientistas, podem acontecer e ser plausivelmente esclarecidos?

Maharishi Mahesh Yogi, que havia profetizado esse efeito da sua técnica de MT, tentou torná-la inteligível com uma analogia: a influência pacífica do silêncio, que todo praticante da MT cria, brilharia no ambiente como a luz de uma lâmpada na escuridão.

Pode surgir uma era de paz como essa?

Em virtude da rápida divulgação da técnica da MT e da grande regularidade com que surge a cada vez a mudança de tendência nas "cidades do um por cento" está perto de se fazer um prognóstico de uma transformação global da sociedade. Acaso será possível, não só nas cidades isoladas, mas em toda a Terra, efetivar mais paz, mais positividade, e uma convivência mais feliz de todas as pessoas?

No início de 1975, Maharishi Mahesh Yogi chegou à conclusão: "Quando um por cento da população de uma cidade pratica a MT, o número de crimes se reduz. Quando um por cento da população mundial praticar a Meditação Transcendental, o *stress* e a negatividade serão neutralizados e em todo o mundo serão estimulados a paz e a positividade. Com os resultados dessas primeiras pesquisas sobre os efeitos sociológicos da Meditação Transcendental podemos ver o início de uma nova época cheia de progresso e harmonia para a humanidade."

Apoiando-se nos textos védicos tradicionais e no possível desenvolvimento de estados superiores de consciência, Maharishi Mahesh Yogi falou da futura "Era da Iluminação".

Outras pesquisas e novos desenvolvimentos

Desde a descoberta dos efeitos de Maharishi em 1974, os sociólogos sempre se esforçaram por compreender melhor esse fenômeno por meio de novos e mais amplos estudos. Paralelamente a essas pesquisas, aconteceu mais um e não menos interessante desenvolvimento. Em 1976, Maharishi Mahesh Yogi havia começado a ensinar o "Programa de MT-Sidhi", uma técnica avançada da MT, "a fim de treinar o espírito consciente a tornar-se ativo a partir do estado pessoal de consciência pura". (Para maiores informações sobre o programa de MT-Sidhi veja o capítulo 12, p. 145).

As pessoas que meditam falam de intensas experiências de silêncio e felicidade durante o programa de MT-Sidhi. Outros efeitos da MT nos âmbitos da criatividade e do crescimento da inteligência, da saúde e da longevidade são intensificados por essa ampliação natural da MT. Chamou a atenção que, em pessoas que praticam as técnicas Sidhi de meditação, a ordem das ondas cerebrais foi especialmente alta nos ECG.

> *"No campo da yoga (correspondentemente,
> do vôo yóguico) desaparecem as tendências
> que geram conflitos, pois a força
> unificadora da yoga neutraliza as influências que
> causam divergências nas suas proximidades."*
>
> **Maharishi Patanjali**, Yoga sutras, 2.35

Isso vale hoje na pesquisa da consciência como uma correspondência mensurável da experiência subjetiva da mais elevada unidade interior, a vivência da yoga, portanto do próprio eu interior.

Aprendemos a conhecer o efeito curativo dessa experiência de ser sobre os indivíduos nos capítulos 4 e 5. Portanto, nós sabemos o quanto a experiência do silêncio e da felicidade fortalecem a ordem e a saúde interior das pessoas que meditam. Então, mais uma vez a pergunta: como as outras pessoas, que não meditam, podem aproveitar isso? O que a ciência atual diz sobre o assunto?

Unidade — a base da multiplicidade

Para a razão, deve ser difícil explicar um fenômeno como esse. No entanto, a moderna física quântica nos dá um ponto de apoio. Ela reconheceu que na multiplicidade expressa da criação há um campo de unidade que tudo une, do qual provém toda a matéria e a qual ela retorna outra vez. A mais significativa afirmação dos físicos quânticos diz conseqüentemente: tudo está ligado com tudo! Disso resulta de início uma conseqüência quase inconcebível: a separação que parece real entre eu e o meu ambiente, a distância espacial entre a Terra e a Lua, a distância astronômica entre os átomos do meu corpo e as moléculas numa outra estrela são apenas ilusão! Trata-se da ilusão dos sentidos, que só percebem a superfície da vida, mas não reconhecem a realidade por trás, um campo de interminável união e efeito recíproco. Nem mesmo o choque de dois minúsculos elétrons num campo de energia quântica fica sem repercussão no universo ilimitado.

Então, isso significa para a nossa vida prática: o que cada um de nós faz, se trabalha, canta, ri ou medita, tem um efeito sobre seu ambiente próximo e distante. Talvez ainda não tenhamos consciência dessa dimensão do

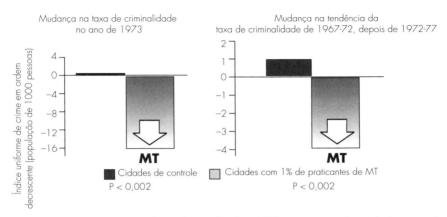

Em 24 cidades em que se ensinou a Meditação Transcendental em 1972 a um por cento da população, a taxa de crimes caiu a partir de 1973, comparada com os anos de 1967-1972. Em oposição a isso, a taxa de crimes nas cidades de controle, comparáveis em posição geográfica, tamanho da população, número de estudantes continuou subindo.
Referência: The Transcendental Meditation program and crime rate change in a sample of forty-eight cities, *Journal of Crime and Justice* 4:25-45, 1981.

nosso ser e ações e, no entanto, ela é uma verdade que foi reconhecida e descrita pelos sábios de todas as culturas e épocas. No silêncio da meditação, nós tocamos o âmbito cósmico do ser, que une todos os seres vivos e a natureza como um todo. De um momento ainda tão breve na transcendência que experimentamos durante a meditação profunda, flui uma influência harmonizadora que se espalha por todo o universo. É como uma folha carregada pelo vento suave que cai sobre a superfície de um lago e cria ondas delicadas, que se espalham por todo o lago até a margem.

> *Assim como a árvore não termina na ponta das suas raízes ou dos seus ramos — assim como o pássaro não acaba nas suas penas ou no seu vôo — assim como a Terra não termina em sua montanha mais alta: assim também não termino no meu braço, no meu pé, na minha pele, mas me estendo constante para fora, dentro de todo o espaço e tempo com a minha voz e os meus pensamentos, pois a minha alma é o universo.*
>
> **Norman H. Russel,** índio cherokee

A nossa Terra doente pode ser curada?

A nossa Terra, como o nosso corpo, é um organismo, que consiste em inúmeros seres vivos, plantas e mecanismos de regulagem, que são todos apoiados pela inteligência invisível da natureza e funcionam determinados um pelo outro. Sabemos, a partir da experiência com o nosso corpo, como nos sentimos indispostos quando apenas um âmbito parcial não funciona bem. E começamos imediatamente a nos sentir melhor e a criar esperança assim que acontece a mínima melhora. Será que o mesmo vale para o organismo Terra? As pessoas ligadas à natureza e aquelas que vêem todos os fenômenos da vida unidos na totalidade, acham que sim!

O organismo Terra, que está "doente" devido à influência destrutiva da humanidade nas guerras, das catástrofes naturais e de outros acontecimentos destruidores, parece reagir ao efeito harmonizador e protetor da ordem e do silêncio. Do mesmo modo que as influências destrutivas partem das pessoas para o meio ambiente, também podem se irradiar de nós forças organizadoras e harmonizadoras.

A experiência mostrou que o programa de MT-Sidhi, principalmente quando praticado por grupos maiores, fortalece ainda mais claramente o "efeito de irradiação" da Meditação Transcendental. Enquanto na MT basta um por cento da população de uma cidade para se poder observar uma mudança nas tendências negativas, no caso do programa da MT-Sidhi basta a raiz quadrada de um por cento da população de uma área examinada, para objetivar mudanças igualmente mensuráveis na organização social.

Experiências comprovam o "Efeito Maharishi"

Desde 1974, quando o "Efeito Maharishi" ou a irradiação de harmonia estimulante da vida sobre o indivíduo foi descoberto, até hoje, foram publicados mais de quarenta estudos sociológicos que comprovam esse fenômeno. Nas diferentes partes do mundo, são constantemente organizadas reuniões de pessoas que meditam e praticam o programa de MT-Sidhi, a fim de estudar melhor as conseqüências de coerência intensiva sobre diversos parâmetros científicos como a taxa de criminalidade, os acidentes de trânsito, os conflitos armados, as internações em hospitais e assim por diante. Ao fazer isso, os pesquisadores tentaram excluir acontecimentos ocasionais por meio de severos testes estatísticos.

Os resultados desses estudos mostram, inequivocamente, que as tendências negativas diminuem na sociedade e as positivas aumentam, quando um número suficiente de pessoas que meditam pratica junto a MT e o programa MT-Sidhi. Também se pôde constatar que esse efeito desaparecia quando o grupo era desfeito.

Um grupo para cada país

"Depois de tantas experiências, está na hora de as autoridades e o governo aceitarem a oferta da Meditação Transcendental e manterem um grupo permanente de praticantes da MT para formar duradouramente essa influência rica de bênçãos para a sociedade", diz Helmut C., que esteve em Washington com Sigrid. "Durante a nossa reunião foram praticados 18% menos crimes graves em Washington e as avaliações sociológicas da qualidade de vida na cidade melhoraram. Todas essas modificações aconteceram, apesar de o chefe de polícia de Washington ter afirmado antes que somente "cinqüenta centímetros de neve recém-caída em julho" podia diminuir o número de crimes na cidade.

"Com esse tipo de grupo de MT, todos os governos podem controlar o custoso problema da criminalidade e assim fortalecer as tendências positivas da sociedade como um todo. Isso seria útil para todos nós."

> *"Entenda o que você é e
> reconheça que você
> é exatamente aquilo pelo que
> você sempre procurou."*
>
> Maharishi Mahesh Yogi

Capítulo 11

COMO EU APRENDO A MT

Todo praticante de meditação tem a sua própria história, que o levou para a MT. Muitos dizem que foi "por acaso". Eles depararam com ela por meio de um cartaz ou um livro. Outros tiveram sua atenção despertada por amigos. Para muitos, o motivo é a saúde, uma recomendação do médico ou uma clínica de cura.

Será que posso aprender a MT num livro?

Neste livro nós podemos lhe dar todas as informações necessárias e dignas de se saber sobre a Meditação Transcendental, no entanto, nenhuma instrução direta para o aprendizado, pelos seguintes motivos: quem pratica a MT, experimenta espontaneamente planos mais sutis de pensamento, ele encontra a si mesmo. A partir disso surgem bem naturalmente uma porção de perguntas. Essas perguntas devem ser respondidas pessoalmente por um especialista autorizado de Meditação Transcendental e no contexto da situação, para transmitir às pessoas que meditam a necessária segurança e a confiança em suas experiências. Somente quando a meditação transcorre sem esforço e sem preocupação é que ela é extremamente eficaz.

Essa troca de experiências entre professor e aluno praticamente não pode ser realizada num livro. A necessidade de um professor de MT pode ser esclarecida de modo semelhante ao ensino de um instrumento musical: é claro que quem quiser progredir realmente tem de praticar, mas também precisa de alguém que domine o instrumento e tenha a capacidade de ensinar como tocá-lo, pois, principalmente no início, é importante uma condução competente, segundo o lema: "Bem começado, meio caminho andado."

Onde eu encontro um professor?

Professoras e professores de Meditação Transcendental e institutos de MT podem ser encontrados em quase todos os países do mundo.

Qual é o Andamento de um Curso Básico de MT?

Os passos do aprendizado

A Meditação Transcendental é ensinada de modo uniforme em todo o mundo. Um curso básico contém uma seqüência sistemática de seminários, que sempre duram de uma a duas horas. Deixemos que um participante descreva o andamento típico:

Primeiro passo: noite de informação (1-2 horas)
Quinta-feira 20h: sento-me com cerca de outras dez pessoas no aposento destinado a seminários de um hotel. Um professor de MT e sua colega se apresentam. Eles falam durante cerca de uma hora sobre os efeitos da MT. No meu caso, no que se refere aos efeitos, na verdade não há muito de novo, pois eu já havia lido atenciosamente diversos livros sobre a MT. São apresentados os quatro âmbitos principais, com os quais se pode esperar resultados positivos com a MT: desenvolvimento das possibilidades mentais, melhora da saúde, relacionamentos interpessoais mais harmoniosos e efeitos sociológicos positivos por meio da meditação em grandes grupos.

Achei o professor de MT gentil, mas havia imaginado algo diferente sobre os praticantes da meditação. No final da aula alguns ouvintes fizeram perguntas, desenvolveu-se uma discussão. Uma senhora, que já havia aprendido a MT, conta como sua pressão arterial acusou uma melhora e que em geral sentia-se melhor. A meditação parece de fato ser eficaz. Mas como ela funciona? Para explicar melhor essa pergunta excitante e importante foi prevista outra aula na noite de amanhã, para a qual todos os ouvintes foram convidados. Sem dúvida, eu comparecerei.

Segundo passo: aula preparatória (1-2 horas)

Sexta-feira, 20h: Nem todos os ouvintes de ontem voltaram, mas em compensação vejo outras pessoas — provavelmente amigos ou conhecidos do público de ontem. Os professores de MT começam com um breve resumo das informações mais importantes da noite anterior. Então passam ao próprio tema: Como funciona a MT? Quais mecanismos formam a base da técnica? Como ela se diferencia de outras técnicas de relaxamento e meditação? De onde ela provém? Como ela é ensinada? Em essência, resumindo, captei: nenhuma concentração, nenhum ter de desligar-se, nada de imagens, que se deva imaginar ou de fórmulas que se tenha de repetir antes e nenhuma concentração olhando para a chama de uma vela! Isso já me atrai. A chave para o sucesso, assim se enfatiza repetidamente, está na natureza primordial da minha mente, que a partir do aumento da felicidade e da alegria crescente é atraída para o caminho da transcendência e que, portanto, caminha naturalmente e sem esforço nessa direção — melhor dizendo caminhará, quando lhe for possibilitado deixar o âmbito consciente do pensamento e seguir um pensamento de volta à sua origem — o próprio eu, um âmbito de vivacidade tranqüila além dos pensamentos.

Portanto, a transcendência acontece sem esforço por meio de um princípio natural, uma capacidade que já temos, mas da qual obviamente temos de nos lembrar outra vez. A MT, assim é explicado, é um método infinito, que os sábios da tradição da sabedoria védica preservaram durante os milênios e que, hoje, pode ser aprendido de modo simples e sem complicações por todas as pessoas.

Soa bem, mas não sei ainda ao certo como funciona na prática. Nessa direção também vão as perguntas do público. As respostas não matam a sede de conhecimento, mas evidenciam: não se pode descrever com palavras como praticar a MT e qual a "sensação" causada pela meditação, mas só se pode experimentar pela prática. O conhecimento teórico sobre a técnica da MT, no entanto, foi importante e valioso. Neste ponto é preciso tomar uma decisão.

O encaminhamento para a MT só é possível neste final de semana. Nem todos têm tempo desta vez e um ou outro ainda hesita. Mas eu tenho certeza: quero aprender a MT e me inscrevo para o seminário!

Terceiro passo: conversa pessoal (5 a 15 minutos)

Sexta-feira, 21h30: Num formulário de inscrição preciso responder algumas perguntas sobre a minha pessoa e as minhas expectativas. Então fico sentado num aposento contíguo — sozinho e sem perturbações — com o "meu" professor de MT. Nós conversamos sobre o que foi dito durante a noite. Meu motivo para aprender a MT está claro: não tenho necessariamente problemas de saúde; mas desejo essa atraente paz interior, esse silêncio, a transcendência ou seja qual for o nome que se dê a ela. Principalmente, sinto-me atraído pela prometida meditação sem esforço. Será que ela funcionará assim também comigo? Para o professor de MT, esse ceticismo interior obviamente não é assunto digno de ser discutido. A MT é tão simples, que funciona para todos. É tranqüilizador ouvir isso! Alegro-me com a instrução pessoal que combinamos para sábado pela manhã.

Quarto passo: instrução pessoal (cerca de 1 hora)

<u>Sábado,11h</u>: Chegou o momento especial. No instituto de ensino de MT da cidade, o meu professor de MT já estava à espera. Ele me fez entrar num aposento tranqüilo e agradável. O ambiente para a instrução pessoal é simples, mas solene. Eu acompanho silencioso uma recitação védica antiga tradicional que o professor recita, que precede toda aula nessa técnica de meditação védica. Depois dessa breve sintonização, o professor de MT me dá algumas instruções simples. Estou sentado comodamente, medito com total imparcialidade e, depois de alguns minutos, já sinto perceptivelmente um agradável relaxamento. De início não acontece mais nada, mas no entanto, é surpreendente: isso acontece por si mesmo, sem intenção. Na verdade, para ser franco, eu esperava mais, achava que justamente no meu caso algo sensacional deveria acontecer. Mas o professor de MT assegura: minhas experiências estão corretas.

De início, meditamos juntos, posteriormente continuo a praticar sozinho. No princípio, estava um pouco inseguro, mas logo mergulhei numa paz interior profunda e vivi momentos de silêncio e transcendência.

Esta e outras impressões da minha primeira meditação eu registrei mais tarde num simples questionário. Em princípio estou realmente satisfeito e já antecipo minha alegria em casa; pois o professor de MT me despediu com o pedido de meditar ali mais uma vez durante vinte minutos naquela noite.

Quinto passo: confirmação da correção das experiências:
Como se medita corretamente (cerca de 90 minutos)

<u>Domingo,10h</u>: Todos os que se apresentaram para o seminário na sexta-feira, estão novamente sentados, reunidos num grande círculo ao redor dos dois mestres de MT. Antes da aula havia muito a relatar. Cada um teve

as suas próprias experiências de meditação. Os que já haviam mergulhado profundamente no âmago da consciência tinham os olhos brilhantes; os outros, que ainda duvidavam das suas experiências ou para as quais não acontecera o que estavam esperando, demonstravam um otimismo ainda reprimido. Antes de tudo, havia uma pergunta no aposento: a meditação foi correta, eu a conduzi corretamente?

Sobre esse tema os professores de MT tomam uma posição minuciosa. Todos os pedidos, reflexões ou desejos dos participantes do curso são respeitosa e pessoalmente atendidos. É óbvio que a dignidade e a singularidade de cada indivíduo são respeitadas e levadas em consideração em grande medida. Este encontro também para mim terminou com outra experiência digna de nota: senti que a meditação de encerramento em conjunto foi muito intensa, como se os efeitos da meditação se intensificassem mutuamente no grupo. Esse será também o tema de um dos seminários seguintes.

Sexto passo: confirmação da correção das experiências: o processo de liberação do *stress* (cerca de 90 minutos)

Segunda-feira, 20h: Todo o grupo encontra-se outra vez no instituto de ensino da MT. Todos já meditaram dois dias em casa, sozinhos, vinte minutos pela manhã e vinte minutos à noite. O tema da noite de hoje são os processos básicos da consciência e experiências que surgem durante a MT. Não se trata, contudo, de falar sobre coisas íntimas. Muito mais, é preciso esclarecer dois processos essenciais durante a meditação: a ampliação da consciência e a liberação das tensões, isto é, a elaboração de experiências "não digeridas" que bloqueiam a nossa mente e o nosso corpo. Esses processos naturais parecem ter grande significado também para a constatação científica da eficácia da MT.

Sétimo passo: vista do objetivo: o desenvolvimento total da vida pessoal (cerca de 90 minutos)

Terça-feira, 20h: O assunto deste seminário conjunto é o desenvolvimento de estados superiores de consciência. Desta vez não falamos apenas sobre nossa vivência subjetiva da própria meditação, mas constatamos que todos os participantes do curso sentem os efeitos dessa prática espiritual no cotidiano. E isso já depois de quatro dias de MT! As modificações em parte são sutis e, no entanto, perceptíveis a todos. Uma aula em vídeo de Maharishi Mahesh Yogi completa as explicações. Ele mostra em seu inglês simplesmente inteligível (com tradução), como das modificações delicadas do início surgem experiências cada vez mais concretas de estados superiores de consciência na vida diária. Suas explicações sobre a consciência cósmica parecem muito interessantes. Antes havíamos desfrutado do prazer de outra meditação comunitária.

Uma semana depois:
Um novo encontro com o professor de MT

O nosso grupo está novamente reunido e todos os participantes estão presentes. Nós já nos alegramos por nos encontrarmos outra vez e em parte já fizemos contatos pessoais. Antes da meditação conjunta, todos contam suas experiências com a MT nos últimos dias. Fico surpreso com o fato de todos terem conseguido integrar essa técnica mental em sua vida diária e como ainda eram nitidamente visíveis os efeitos na maioria. Além disso, acho mais do que valioso ouvir as experiências alheias. Tenho a sensação de aprender com elas e de receber uma confirmação das minhas próprias percepções. Nosso professor de MT aponta mais uma vez para a naturalidade da MT: ela funciona melhor quando deixamos a força suave, mas poderosa da evolução funcionar espontaneamente em nós.

Os seminários de MT ocorrem numa atmosfera de grupo animada.

Como continua?
Encontros e seminários avançados para praticantes

Se você freqüentou esses sete seminários obrigatórios para todo principiante de meditação no contexto do curso básico de MT, você ainda tem direito a cinco novas lições de duas horas cada uma e a um curso de encerramento intensivo de final de semana. Aqui você simplesmente aprende exercícios simples de yoga e respiração, que estimulam os efeitos da MT. Nos seminários de estruturação, com base nas experiências pessoais de meditação, é transmitido mais conhecimento sobre o comportamento correto para manter a saúde, no sentido do programa de saúde védico de Maharishi, uma reedição moderna científica do sistema de cura natural antigo baseado no Veda.

Quem quiser encontrar-se num grupo de meditação, para a troca comum de conhecimentos sobre a MT e quiser aprofundar-se nos outros ramos do conhecimento védico e deseja continuar em contato com o professor de MT, em geral um instituto de ensino da MT oferece noites semanais gratuitas. Muitos praticantes de meditação valorizam principalmente a profundidade e intensidade da meditação em grupo. Isso enriquece e também firma a própria prática da meditação.

Checking: a ajuda do professor de MT no caso de insegurança ou irregularidade

Às vezes, acontece de os praticantes de meditação sentirem que pequenas inseguranças, erros ou irregularidade entram furtivamente na prática. A Sra. Susanne M. conta:

"Nas férias saí totalmente do ritmo. Dormi mais e o decurso do dia não era o costumeiro. Para diminuir o tédio li um livro, em que eram descritas diversas formas de meditação que tinham todas algo em comum: era preciso concentrar-se nalguma coisa. Eu não meditei pela manhã e à noite como fazia em casa, e, quando o fazia, começava a me concentrar. Fiquei com dores de cabeça e me sentia irritada. Depois de alguns dias parei de vez, porque não via mais nenhuma vantagem na meditação.

"Em casa também não consegui recuperar o ritmo antigo. Por sorte, encontrei o meu professor de MT na rua. Primeiro eu quis desviar-me dele, porque não queria confessar que havia negligenciado a minha meditação. Mas, afinal, acabamos falando sobre o assunto. Ele me ofereceu um aconselhamento de meditação, um assim chamado *"checking"* (controle, em inglês).

"Esse primeiro *checking* ajudou-me bastante a encontrar outra vez a leveza original e a regularidade na meditação."

Esses aconselhamentos pessoais de meditação são oferecidos em todos os institutos de ensino da MT. Aos praticantes de MT exige-se exclusivamente que marquem uma hora, a fim de realizarem esse processo simples com um professor experiente de MT.

No entanto, a iniciativa tem de partir da própria pessoa que medita. A maioria dos institutos de ensino da MT convida os praticantes por meio de circulares ou folhetos informativos. Contudo, não é costume entrar em contato telefônico ou pessoal com alguém que aprendeu a MT. Cada pessoa que aprendeu a Meditação Transcendental, tem total liberdade de decidir-se por aceitar a oferta dos institutos de ensino.

A formação de professores de Meditação Transcendental

"Qual é a formação dos professores de Meditação Transcendental?" é uma das perguntas freqüentemente feitas em palestras ou instituições de informação. Quem confiaria numa pessoa sem estudo numa questão tão sutil e pessoal?

Quem quiser formar-se professor de MT precisa ter alguns pressupostos. Precisa ter personalidade estável, tem de praticar regularmente o programa de MT-Sidhi e ter freqüentado um curso sobre a ciência de inteligência criativa. Esse curso básico foi criado por Maharishi no início dos anos 70, a fim de revestir o antiqüíssimo conhecimento védico de uma linguagem científica moderna.

O verdadeiro curso de formação de professor de MT foi criado pela Maharishi Vedic University, na Holanda, e se compõe, via de regra, de três partes. Na primeira parte, um curso intensivo de três meses, o aluno recebe uma visão profunda de todos os ramos da ciência védica de Maharishi, da pesquisa científica da MT e das atividades dos institutos de ensino de MT. A parte teórica da formação é totalizada por meditações profundas, isto é, pela pesquisa da própria consciência.

A segunda parte compõe-se de uma atividade prática de pelo menos seis meses num instituto de ensino da MT. Depois dessa experiência profissional, a terceira parte é cumprida outra vez como curso intensivo de três meses num centro de formação da Maharishi Vedic University. Nessa fase conclusiva, o futuro professor de MT aprende tudo o que está relacionado com o curso básico para o aprendizado da MT.

Essa formação intensiva representa para todo formando um grande passo no desenvolvimento da sua personalidade. A mais profunda experiência de vivacidade tranqüila e de estados mais elevados de consciência, uma vida simples, pura e um aprendizado sem esforço da mais elevada sabedoria de vida caracterizam essa formação profissional única.

Quem não pode aprender a MT?

Em todas as publicações e brochuras sobre a MT sempre se comprova que toda pessoa que sabe pensar, também pode meditar. Mas todas as pessoas *devem* meditar? Existem pessoas para as quais a prática da MT possa ser desfavorável?

Em princípio, não. Todos só têm a ganhar com a experiência da ampliação da mente consciente. No entanto, antes de ensinarem alguém, os professores de MT farão perguntas sobre a saúde física e mental dos dispostos a aprender. E isso acontece por um bom motivo.

No caso de os interessados sofrerem de uma doença psíquica aguda ou terem um "histórico anterior" de doença mental, o professor de MT será muito cuidadoso, ocasionalmente recusando o pretendente ou só lhe dando aulas depois de falar com o médico ou psicólogo que trata dele. Embora estudos estatísticos tenham provado que nas pessoas que praticam a MT doenças psicóticas ocorram mais raramente do que na população média, aconselhamos aos pacientes que sofram dessas doenças a só aprenderem a MT em combinação com o tratamento médico. A razão disso é, principalmente, que o cuidado com essas pessoas é especialmente caro. Essa medida de segurança não vale para as pessoas com doenças depressivas. Exatamente nesse âmbito existem muito boas experiências com a Meditação Transcendental.

Por isso, por favor, preencha completa e honestamente o questionário que receber no início do seu curso básico de MT. Quanto mais aberto você for, tanto melhor e mais diretamente o professor de MT poderá sintonizar-se com a sua situação individual.

> *"Medicus curat,*
> *natura sanat"*
> *"O médico trata,*
> *a natureza cura"*
> Provérbio latino

Capítulo 12

PERGUNTAS E RESPOSTAS

Aqui você vai encontrar as perguntas mais freqüentemente feitas sobre Meditação Transcendental. As respostas repetem em parte as informações dos capítulos 1 a 11. Portanto, este capítulo também é um resumo das informações mais importantes do livro ou vale como informação rápida para o leitor apressado.

O que acontece durante a Meditação Transcendental?

Durante a MT, a mente experimenta crescentemente âmbitos mais sutis do pensamento, até que o âmbito mais sutil seja ultrapassado, isto é, *transcendido*. A pessoa que medita sente com isso um estado ímpar de vivacidade tranqüila, um quarto estado principal de consciência, que é exatamente tão natural como despertar, sonhar e dormir. Ao mesmo tempo, o corpo sente um estado muito profundo de calma e relaxamento, com o que é introduzida uma profunda regeneração do corpo e da mente. Desse modo, não só podem ser compensadas as experiências de *stress* da vida cotidiana, mas também podem ser elaborados as tensões e os incômodos psíquicos de muitos anos. Durante a meditação, a mente experimenta a forma mais simples de consciência — a consciência pura, o próprio eu interior. O sistema psicofisiológico como um todo armazena energia, criatividade e bem-estar. A prática regular da Meditação Transcendental (duas vezes por dia, por cerca de quinze a vinte minutos) é, portanto, o melhor preparo para a atividade dinâmica e bem-sucedida.

Eu jogo tênis e pratico esportes para me descontrair e juntar forças. Isso não é suficiente?

Não importa que tipo de esporte você pratica — seja tênis, golfe, ciclismo, *jogging*, esportes de força, caminhadas ou natação — enquanto você praticá-lo de modo sensato, faz algo de bom para a sua saúde e bem-estar. Você foge da rotina do dia-a-dia e "se descontrai".

Porém, ao contrário da MT, todo esporte está associado à atividade e, assim, não pode oferecer à mente e ao corpo esta incomparavelmente profunda e tranqüila vivacidade que experimentamos durante a MT. A experiência de delimitação interior, unida com o silêncio e a clareza, leva à regeneração reparadora e à liberação de tensões e cargas profundamente arraigadas. Nem a experiência durante a MT nem os seus efeitos podem ser comparados com os resultados dos exercícios esportivos. Mas muitos esportistas de vanguarda usam a MT como método de relaxamento profundo a fim de se prepararem para a competição.

A MT é como a hipnose? Qual a diferença entre a Meditação Transcendental e as outras técnicas de meditação?

A Meditação Transcendental de Maharishi é única. Ela se distingue basicamente de todos os outros métodos de relaxamento ou meditação. A hipnose precisa da sugestão ou da influência alheia — ambas, influências manipuladoras sobre a nossa consciência, que não queremos quando visamos a nos desenvolver por nós mesmos. Outras formas de meditação exigem concentração ou contemplação e por isso são difíceis de aprender ou praticar. A MT, ao contrário, é natural, não requer concentração nem contemplação, e pode ser aprendida com facilidade por crianças a partir dos 4 anos de idade.

Por exemplo, um amigo que pratica a meditação zen (irregularmente, como ele diz, porque ela é cansativa demais na vida diária) ficou surpreso quando ouviu numa

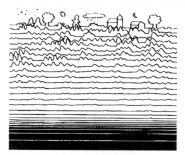

Experiência da totalidade

A MT coordena os âmbitos psíquicos e físicos
Pela dissolução do *stress*, é disparado na consciência um processo de relaxamento que leva a um "estado de mínima estimulação da consciência", como se conhece na energia e matéria da física quântica: um âmbito de grande ordem, perfeita interdependência de matéria e psique é o ponto de partida de todas as modificações psíquicas e físicas.
No âmbito subjetivo, esse estado é sentido como ausência de limites e totalidade.

conversa que alguém havia adormecido numa meditação de MT em grupo e "respirava um pouco mais alto". "Isso é tolerado? Isso é permitido?", ele perguntou admirado.

Sim, é claro, porque na Meditação Transcendental deixamos acontecer tudo o que surge naturalmente. Quanto mais naturais nós formos, tanto mais eficaz é a meditação. Portanto, também não resistimos ao cansaço durante a MT.

Os estudos científicos, inclusive uma assim chamada meta-análise, que resumiram os resultados de 146 trabalhos diferentes de pesquisa num resultado abrangente, mostram que a MT é muito mais eficaz do que os outros métodos de meditação.

Qual a diferença entre a MT e a yoga?

A Meditação Transcendental *é* yoga. No texto védico clássico da yoga, a "Yoga Sutras" de Maharishi Patanjali, a yoga é definida como "cessação (=transcendência) dos impulsos da mente". Exatamente isso acontece durante a MT, quando a mente transpõe os mais sutis âmbitos do pensamento e mergulha no âmbito da vivacidade tranqüila (definido na literatura yóguica como Samadhi).

A diferença para as práticas atuais da yoga no Ocidente, é que na MT não se exige nenhum esforço. Segundo Maharishi Mahesh Yogi, o esforço de concentração mental e física, que é praticado e ensinado há séculos pelos professores de yoga no Ocidente e no Oriente, é muito lamentável, porém, isso é devido unicamente a uma interpretação falha do texto védico.

Com isso, muitas pessoas sérias são impedidas de sentir a verdadeira realidade da vida, a total liberdade interior e ausência de limites que são experimentadas na meditação.

Em correlação como a MT, também são oferecidos exercícios físicos leves de yoga, que você pode aprender com o seu professor no curso básico de MT. Você se surpreenderá com quanta diversão a yoga natural pode oferecer!

Também posso aprender a MT num livro ou meditar com uma fita cassete de relaxamento?

Não. Cada ser humano é único e se diferencia dos outros por suas características mentais e físicas e também pela velocidade com que aprende. Por isso a MT é ensinada exclusiva, pessoal e oralmente por professores autorizados de Meditação Transcendental. Quando se tenta praticar a partir de um livro ou ouvir as fitas cassete, sempre são necessárias algumas atividades dos sentidos, que impedem a transcendência. Além disso, somente um professor pessoal pode garantir que as perguntas sejam respondidas no momento correto.

Dominar um instrumento musical com todas as suas sutilezas requer a instrução de um professor. Como experimentamos os âmbitos mais sutis da nossa existência com a MT, essa instrução pessoal e sensível é muito mais necessária e importante.

Tenho dificuldade para me concentrar, meus pensamentos se desviam continuamente, não consigo desligar. Será que sou capaz de meditar?

A maioria das pessoas que se interessam pela Meditação Transcendental tem uma pergunta angustiante: "Eu também posso praticá-la?" A maioria de nós acha inconcebível levar a mente à calma sem usar de esforço ou concentração. Há séculos a literatura corrente sobre yoga e meditação enfatiza como é importante concentrar-se e resistir às distrações exteriores.

Todas essas idéias ultrapassadas não valem para a Meditação Transcendental. Na MT, a mente segue as suas próprias necessidades interiores de obter mais alegria e perfeição. Para isso não temos de fazer nada, mas somente deixar acontecer, e isso *todos* podem fazer. A MT é absolutamente fácil de aprender e praticar. Toda tentativa com esforço, concentração, repressão dos pensamentos só impede o sucesso total desta meditação. O seu professor de MT é formado para acompanhá-lo no caminho para a meditação sem esforço, de maneira competente e profissional.

Como sair da meditação?

Essa pergunta é feita com a mesma freqüência com que é feita a pergunta sobre se é difícil entrar em meditação.

Durante a MT experimentamos um estado de vivacidade tranqüila. Nós descansamos em nós mesmos, mas estamos totalmente despertos e também percebemos de tempos em tempos os impulsos exteriores. Por isso podemos decidir-nos a sair da meditação a qualquer momento.

Para não ultrapassar o tempo estabelecido de meditação, usamos um relógio. Muitas pessoas, no entanto, percebem que já depois de alguns dias mantêm intuitivamente o tempo predeterminado de quinze a vinte minutos de meditação.

Ficarei tão descontraído pela MT que não terei mais motivação para a atividade?

Deve-se esperar o contrário! Com a MT nós eliminamos o *stress* e as tensões: ambos, empecilhos para a capacidade de desempenho e o sucesso. Simultaneamente, estimulamos a criatividade e a inteligência. O fundador da pesquisa moderna do *stress*, Prof. Dr. Hans Selye, que de resto gostava de ser mencionado muitas vezes como referência nos simpósios de Maharishi "Ciência da Inteligência Criativa", dividia o *stress* em "*destress*" e "*eustress*". *Destress* é aquele tipo de tensão que bloqueia o nosso sistema nervoso, *eustress* é um desafio criativo. Com a MT eliminamos o *destress* e juntamos energia e criatividade, que exteriormente à meditação poderia se manifestar como *eustress*, portanto, como capacidade de desempenho.

A MT é como retesar uma seta no arco. Puxá-la alguns centímetros para trás permite que ela voe muitos metros. Depois de vinte minutos de MT, a mente e o corpo estão revigorados, tudo é executado com mais facilidade. Isso levou ao ditado popular: "Faça menos e alcance mais!" — mais sucesso, maior satisfação com menos esforço.

Quando medito, eu perco a relação com a realidade?

Durante a MT nós nos recolhemos ao âmbito fundamental da vida. Esse âmbito de consciência pura é equiparado por cientistas reconhecidos da nossa época com o campo padronizado de todas as leis da natureza ou do estado quântico básico, como dizem os físicos. Com a MT, portanto, nós não nos distanciamos da realidade da vida, mas aprendemos corretamente a percebê-la em nós e ao nosso redor. O plano do silêncio, nosso eu interior, é o plano mais elevado da realidade e ao mesmo tempo a esfera de todo conhecimento.

Quem medita regularmente, entra cada vez mais em sintonia com as leis da natureza que o controlam e com todo o seu ambiente. Por meio dessa sintonia fina, ele não só aprende a se conhecer melhor, mas pratica ao mesmo tempo a ação mais em sintonia com as leis da natureza. Isso repercute positivamente sobre todos os âmbitos da nossa vida: mais diplomacia na profissão, mais cordialidade na família, mais harmonia com o nosso ambiente são os resultados de um relacionamento aprofundado com a realidade básica da vida.

Preciso participar de uma organização para aprender a MT?

Não. Cada pessoa que aprende a Meditação Transcendental de Maharishi a pratica para si mesma, independentemente de uma organização. O professor de MT e os institutos de ensino, no entanto, oferecem aconselhamentos individuais (*Checking*) e/ou encontros em série para as pessoas interessadas que praticam a MT. Quando elas se sentem inseguras com relação à sua meditação, elas não se acanham em utilizá-los.

Ouvi falar de "vôos yóguicos". Qual a relação deles com a MT?

Existem diferentes programas avançados para as técnicas de MT; um deles é o "programa de MT-Sidhi", do qual também faz parte o "vôo yóguico".

A técnica da MT permite-nos experimentar o silêncio, a consciência transcendental pura. No Programa de MT-Sidhi, que pressupõe alguns meses de prática regular da MT, a pessoa que medita pratica como pensar e agir a partir do âmbito da consciência transcendental. Com isso melhora nitidamente a coordenação entre a mente e o corpo. Assim, desenvolve-se a capacidade de reanimar leis básicas da natureza, a fim de apoiar todos os âmbitos da vida e realizar os desejos com mais facilidade.

O *vôo yóguico* é a expressão da perfeita coordenação entre a mente e o corpo. Nos exames de ECG está ligado à mais elevada coerência das ondas cerebrais, que por sua vez são uma expressão da máxima ordem e integração da função cerebral. Essa coerência é um indicador da atividade da consciência transcendental, o campo padronizado de todas as leis naturais em que está viva a força de organização infinita da natureza.

O vôo yóguico transmite experiências interiores de felicidade e, ao mesmo tempo, cria harmonia, coerência e positividade para o ambiente.

Mesmo que a maioria dos seres humanos que praticam o vôo yóguico viva antes o primeiro estágio do vôo, em que o corpo se levanta com uma série de "saltos" curtos, esse exercício dá a essa pessoa a sensação de intensas experiências de felicidade interior e cria harmonia, coerência e positividade para o ambiente.

Com a prática da MT, eu entro em conflito com minha religião?

Não, a MT estimula a sensação religiosa. Milhões de fiéis de todas as religiões e ideologias e muitos dos seus sacerdotes praticam a MT. A Meditação Transcendental é neutra quanto à crença e é um processo puramente mecânico, a fim de avivar a mais simples forma da nossa consciência, a consciência pura. Imagens, conteúdos religiosos ou filosóficos, crenças e intenções não fazem parte desta meditação. A MT descontrai, regenera e clareia a consciência. Com isso ela abre à pessoa que medita, de modo natural, a dedicação aos valores superiores e espirituais da vida.

Preciso meditar sempre no mesmo horário e/ou no mesmo lugar?

Não. Você é muito flexível com a MT. Em princípio, você pode meditar a todo momento e em qualquer lugar, mas não deve ultrapassar seus vinte minutos duas vezes por dia.

Durante o curso de MT você aprende os melhores e mais apropriados horários do dia. No entanto, se devido aos compromissos profissionais, visitas etc., você não puder manter seus horários habituais de meditação, existem algumas possibilidades de se esquivar.

O lugar em que medita deve ser agradável para você. Acomode-se com conforto! Mas você pode igualmente meditar num ônibus, trem ou no metrô, no caminho para o trabalho ou num avião.

É difícil aprender a MT? Quanto tempo demora para eu poder meditar corretamente?

É muito fácil aprender a MT. A maioria dos participantes do curso de MT já faz a primeira meditação de maneira correta. No entanto, é muito importante freqüentar todos os seminários do curso básico de MT no tempo recomendado e participar do programa subseqüente de seis meses a fim de compreender o valor das experiências feitas e absorver mais conhecimento teórico sobre a MT. Conhecimento e experiência se completam e são irrenunciáveis para o sucesso total da sua meditação.

Quanto tempo leva para eu sentir os efeitos da MT?

Isso varia de pessoa para pessoa. Em geral, os participantes dos cursos básicos de MT já sentem calma, descontração, bem-estar, uma ressonância positiva com o seu meio ambiente nos primeiros três dias, ou vivem muitas vezes momentos de transcendência e silêncio interior. Mas não se pode prever diretamente quais efeitos surgem e quando. Toda pessoa que pratica regularmente a MT pode observar resultados positivos nos mais diversos âmbitos da vida. No entanto, a regularidade é importante: estudos científicos sobre a MT e a experiência dos professores de MT acerca de mais de seis milhões de participantes dos cursos, mostraram que um ritmo de quinze a vinte minutos duas vezes por dia é ideal para se obter resultados ótimos.

Qual é a diferença entre a MT e o simples descanso ou a minha soneca da tarde?

Fases de recuperação durante o dia são sem dúvida benéficas. Mas podemos constatar uma grande diferença objetiva bem como subjetiva entre a Meditação Transcendental e outras formas de relaxamento.

A diferença subjetiva está principalmente no valor profundo de recuperação e na maior clareza mental que sentimos durante e depois da MT.

Objetivamente, por meio de estudos comparativos podem ser analisadas consideráveis divergências. Em estudos de comparação direta, por exemplo, pôde-se mostrar que na MT a resistência elétrica da pele (medida com um assim chamado dectetor de mentiras), como sinal de estabilidade emocional, aumenta um pouco em comparação com o descanso de olhos fechados ou uma soneca. Numa análise estatística de metas de 31 estudos sobre a MT e o descanso de olhos fechados puderam ser constatadas maiores e mais favoráveis modificações na MT nos três valores de comparação escolhidos: freqüência respiratória, conteúdo de ácido láctico no plasma sangüíneo e resistência cutânea.

Que valor de depoimento tem a pesquisa científica da MT?

Até hoje foram publicados mais de seiscentos estudos por mais de trezentos cientistas de centros independentes de pesquisa e universidades em 33 países sobre os efeitos da Meditação Transcendental. Muitos desses estudos apareceram nas mais conhecidas revistas especializadas, que só aceitam artigos submetidos previamente à análise dos peritos. São adotados os mais severos processos de testes científicos como, por exemplo, o controle dos desenhos aleatórios dos estudos, complicados cálculos estatísticos como as meta-análises e as provas tecnológicas laboratoriais de alto valor.

Uma grande parte desses estudos foi apresentada na obra em seis volumes *Scientific Research on the Transcendental Meditation Program* [Pesquisa Científica *sobre* o Programa de Meditação Transcendental], com mais de cinco mil páginas.

Sofro de pressão arterial baixa demais. Como a MT é usada nos casos de hipertensão, será que posso praticá-la sem correr riscos?

O fato mais surpreendente da MT é que ela evidentemente é recomendada para males totalmente opostos. Assim, por exemplo, no caso da hipertensão e da hipotensão, no caso da obesidade e do peso abaixo da média, no caso de insônia e de cansaço crônico com sono exagerado. Ao nosso raciocínio convencional, que está impregnado de uma medicina que luta contra determinados sintomas das doenças com remédios e que consegue exatamente o contrário com uma superdose, isso parece suspeito.

A Meditação Transcendental, no entanto, atua segundo um princípio totalmente diferente. No caso da MT não lutamos contra qualquer doença. Com a força curativa do nosso médico interior nós voltamos ao equilíbrio — e isso equivale a saúde. Assim, por meio da MT regular, até mesmo doenças duradouras podem lentamente ser compensadas com segurança.

Em última análise, toda doença surge de um comportamento que contraria a natureza interior do ser humano. Por meio da experiência do silêncio profundo não só se cria o necessário equilíbrio, em que podem ser dissolvidos os diversos estados de desequilíbrio e doença, mas também lançam-se as bases para que o comportamento da pessoa que medita se oriente cada vez mais espontaneamente pelas leis da natureza. Por esse motivo, é indiferente em qual direção vai um desvio da saúde e do bem-estar, seja hipertensão ou hipotensão, obesidade ou magreza extrema etc. Na verdade, a MT atua equilibrando.

A MT é um "remédio para tudo"?

Sim e não. Quando quisermos escapar da vida cotidiana e dos seus problemas, não estaremos certos em usar a MT.

Mas quando apenas procuramos um método com o qual possamos conquistar a força de resistência contra o *stress* ou outras experiências negativas da vida e obter cada vez mais o apoio da natureza, nesse caso a MT é o método correto.

Na Meditação Transcendental experimentamos o silêncio e, com isso, o campo básico da criação, que está ligado a tudo no universo. Por meio da atenção a esse âmbito, a energia pode fluir *para todos* os âmbitos da vida e com isso contribuir para a resolução dos problemas.

Com a redescoberta de diversos ramos do antiqüíssimo conhecimento védico como o Ayurveda de Maharishi, Maharishi Jyotish e Yagya, Maharishi Sthapatya e assim por diante, Maharishi oferece em suas instituições de ensino existentes em todo o mundo métodos adicionais integrais até hoje não usados para o domínio dos problemas em diferentes âmbitos da vida.

Por meio da MT podemos esperar mais força e apoio para o controle dos problemas, porém, nós mesmos temos de solucioná-los.

Por que Maharishi Mahesh Yogi, o fundador da Meditação Transcendental, é intitulado "Sua Santidade"?

Da Índia vem a tradição de valorizar muito e, assim, de também intitular as pessoas que se dedicam exclusivamente ao desenvolvimento ou ensino do conhecimento mental e espiritual. Nós partimos da aceitação de que o silêncio, a consciência pura é "santa e total" (em inglês "*holy*", correspondentemente "*whole*"), de onde também vem o radical para "*Heiligkeit*" [santidade].

Maharishi Mahesh Yogi (chamado por seus colaboradores e alunos de "Maharishi") sem dúvida é o maior especialista vivo — reconhecido em todo o mundo —, do desenvolvimento da consciência, da pesquisa de estados superiores de consciência, da ciência védica. Também desse ponto de vista (ocidental) um título de reconhecimento lhe é atribuído.

Tenho conhecidos que praticam a Meditação Transcendental, mas que não me servem como exemplos. Eu não quero ser ou viver como eles!

Toda pessoa que inicia a MT num determinado degrau de desenvolvimento, precisa elaborar determinadas coisas e tem a chance de melhorar a própria vida com a MT, de desenvolver os próprios talentos e possibilidades.

Ela se encontra, portanto, em alguma parte do caminho e, assim sendo, não pode ser comparada com as próprias características, modos de comportamento e capacidades ou com as de outras pessoas, porém, em última análise, somente consigo mesma: de onde ela vem, até aonde chegou, até onde irá.

Se a MT funciona com tanta facilidade, por que preciso aprender algo e ainda pagar por isso?

A Meditação Transcendental de Maharishi é uma "tecnologia de ponta" da consciência. Talvez você já tenha percebido que muitas descobertas ou máximas geniais são muito fáceis — mas é exatamente isso o que as torna universais. Mesmo que a MT seja fácil de praticar e aprender, ainda assim é necessária ajuda profissional para aprendê-la *corretamente*. Os cursos de MT — ao contrário dos cursos das universidades populares, dos centros de formação religiosa, das instituições sindicais etc. — não são financiados pelo dinheiro público, contribuição dos membros ou algo semelhante. Os custos são adequados às exigências da época moderna e das possibilidades financeiras dos países industriais. Nós também acreditamos que na era da informação e da comunicação é importante gastar dinheiro não só com bens materiais como a comida, o vestuário e as viagens, mas também investir nos valores infinitos da consciência e da inteligência. E nesse campo, a MT por certo é o seu melhor investimento.

Afinal, tenho uma saúde de ferro e me sinto bem. Ainda assim, tem sentido aprender a MT?

Você é uma daquelas pessoas dignas de inveja, que certamente tirará o melhor dos proveitos da Meditação Transcendental. Você não precisa tanto da MT para poder lidar melhor com os problemas (você já controla isso), mas pode beber em amplos sorvos o desenvolvimento de novas possibilidades inimagináveis.

Quanto maior for a responsabilidade, tanto mais depressa cresce o campo de influência e sucesso por meio da MT. O desenvolvimento de "estados superiores de consciência", o caminho da iluminação e perfeição, deixará nas sombras tudo o que você viveu até o momento.

Eu tenho de acreditar nos efeitos?

Com freqüência temos a contestação cuidadosa de que seria preciso acreditar nos efeitos da MT para ter sucesso com ela. Mas isso também não está certo! A MT é uma tecnologia cientificamente fundamentada, que desdobra seu efeito segundo regulamentos, independentemente do fato de acreditarmos nela ou não.

Com a meditação, eu me afasto aos poucos da vida?

Existem exercícios de meditação e ensinamentos que exigem uma vida recolhida, distante dos deveres da vida cotidiana. Mas esse não é o caso da Meditação Transcendental. A MT é um método para as pessoas ativas na família, na profissão e na sociedade, que querem se regenerar, abastecer-se de energia, desenvolver as suas possibilidades e realizar-se espiritualmente. Quem pratica a MT recolhe-se na verdade duas vezes por dia em si mesmo para um período repleto de sentido, vem a si e junta novas forças, mas então dedica-se com nova energia e dinamismo às suas tarefas e atividades individuais. A MT é uma preparação para uma ação bem-sucedida.

As crianças pequenas também podem aprender a MT?

Muitas vezes ouvimos pais que praticam a meditação dizer que seus filhos procuram descobrir tudo sobre a sua meditação ou imitá-los. Esse é o caso especialmente de crianças pequenas, cuja ligação com os pais ainda é particularmente estreita. "Minha filha de 4 anos queria insistentemente participar quando eu me sentava para meditar", conta Johanna, uma mãe solteira. "Fiquei muito feliz com o fato de o meu professor me fazer a oferta de dar aulas também para minha filha. De início, nem acreditava que isso seria possível. Mas a minha pequena Jana me ensinou algo melhor. Muito corajosa, ela foi comigo à instrução pessoal e desde o início participou da coisa com entusiasmo. Quando me sento para meditar pela manhã ou à noite, ela também começa com a sua "palavra da sabedoria". Não sei por quanto tempo ela faz isso, mas na maioria das vezes, ela fica brincando até eu encerrar a minha meditação."

Desde a idade de 4 até cerca de 10 anos, os filhos de pais que meditam e que têm um desejo intenso de meditar também, podem aprender a sua própria técnica infantil. Este método sem esforço, que fazendo justiça à criança pode ser praticado durante a brincadeira ou caminhando, uma ou duas vezes por dia durante alguns minutos em casa ou no jardim-de-infância, dá às crianças a possibilidade de imitar os hábitos positivos de vida dos seus pais e de sentirem o gostinho da experiência da meditação.

Especialmente importante para as crianças é que com relação a essa "meditação infantil" tudo deve ser apresentado de modo totalmente descontraído e à vontade. Portanto, as crianças não devem ser submetidas a nenhuma pressão, a nenhum dever, mas fazerem a sua pequena prática do silêncio pelo tempo e com a freqüência que desejarem, enquanto isso for uma diversão para elas (não conhecemos nenhuma criança que tenha tendência ao exagero).

O que se pode esperar disso?

Muitas crianças contam que sentem uma sensação de alegria interior, quando usam sua "palavra de sabedoria" e que depois, de algum modo, se sentem revigoradas e mais claras. Os pais muitas vezes observaram um salto positivo de desenvolvimento nos seus filhos depois que eles começaram esse exercício facílimo. Para nós parece importante que as crianças façam a experiência de que silêncio e ocupação consigo mesmas são experiências agradáveis e compensadoras.

Não seria melhor treinar o pensamento positivo para ser um sucesso na vida?

Um posicionamento otimista e construtivo diante da vida, como todos sabemos a partir da experiência, não só estimula a saúde, mas é uma contribuição importante para mais sucesso na vida prática. É por isso que o pensamento positivo como exercício para a melhora da capacidade de desempenho e felicidade na vida é propagado há muitos anos nas sociedades industriais ocidentais. Mas com esses procedimentos em geral muito metódicos também se visam a resultados duradouros satisfatórios? Não só os psicólogos modernos, mas também Maharishi Mahesh Yogi advertem contra possíveis efeitos desfavoráveis de uma prática desse tipo. Por quê?

O pensamento positivo não deve ser confundido com repressão ou desvio do olhar da realidade, mas brotar de uma postura básica incontestável e natural do ser humano. *Fingir algo* para si mesmo ou para os outros, mais cedo ou mais tarde levará a uma perda de confiança: em si mesmo e nos outros. O pensamento positivo metodicamente usado muitas vezes se baseia em *tentarmos* ver a realidade da vida com outros olhos. Isto é, nos esforçamos por substituir pensamentos negativos por positivos — um empreendimento não só extenuante, mas também destituído de esperança a longo prazo.

Os pensamentos negativos surgem de experiências não controladas e elaboradas do passado. Não é possível reprimi-los por muito tempo! Eles são uma linguagem da alma, que "grita" pela saúde. Não confiar nas próprias percepções, mas interpretá-las contínua e intelectualmente em outra direção — pode levar a própria vida a nos alcançar outra vez.

A postura positiva diante da vida, desenvolvida pela prática regular da MT, é o oposto direto disso. Pelo contato com o plano da inteligência pura, o lar de todas as leis da natureza, surgem pensamentos positivos espontâneos, criativos e estimuladores da vida — e isso sem esforço. Na calma profunda da meditação, as experiências negativas de vida são elaboradas de modo natural. Convalescer animicamente significa ao mesmo tempo pensar e agir de modo bem natural e com mais otimismo.

Para terminar, talvez a pergunta mais importante:
QUALQUER UM pode realmente aprender a Meditação Transcendental?

A resposta é clara. SIM, realmente qualquer pessoa pode aprender a MT, independentemente de idade, profissão, instrução, religião, formação política ou cultural. Mesmo se você for muito céptico, a MT funciona! O motivo é a naturalidade do método que, tal como a força da gravidade, sempre funciona, independentemente do fato de você acreditar nela ou não. Deixe cair uma bola e você terá a prova exemplar! Você não é o primeiro ou primeira pessoa que teme que ela não funcione justamente no seu caso, de que não consiga sentar-se tranqüilamente durante vinte minutos ou que está comprometido demais para ela. Não se preocupe, QUALQUER UM pode aprender a MT!

Melhor ainda, experimente-a!

APÊNDICE

MEDITAÇÃO TRANSCENDENTAL:

Possibilidades de uso segundo a experiência
e a pesquisa científica até o momento

RECLAMAÇÕES FÍSICAS

Distúrbios do sono

A MT encurta o tempo para adormecer e melhora a qualidade do sono.

Asma

Bem-sucedida na bronquite asmática.
Diminui a resistência respiratória nos brônquios, acalma a respiração, ajuda a eliminar as causas anímicas primordiais, fortalece o sistema imunológico, reduz a predisposição às alergias.

Dores de cabeça e enxaquecas

Vence os medos, o *stress* e as tensões musculares; ajuda a eliminar as causas anímicas da dor de cabeça e da enxaqueca.

Tensões musculares e males das costas

Vence os medos, o *stress* e as tensões, elimina o cansaço físico e mental, melhora a autoconsciência e normaliza o comportamento, normalizando com isso também a postura.

Hipertensão arterial e moléstias cardíacas circulatórias

Bem-sucedida no caso de hipertonia não-orgânica. A paz profunda durante a MT alivia o coração, elimina o incômodo do *stress*, melhora as funções circulatórias do coração.

Predisposição às infecções

A MT melhora a imunidade e reduz a predisposição às infecções.

Alergias

A MT equilibra o sistema imunológico, ajuda a destruir as causas psíquicas. As doenças alérgicas surgem mais fracas, mais raramente ou deixam de aparecer.

Obesidade e colesterol

A prática regular da MT normaliza o peso corporal, harmoniza o padrão alimentar, elimina os fatores de *stress* e diminui um colesterol elevado causado pela alimentação e pelo *stress*.

Distúrbios digestivos

Normaliza o comportamento alimentar, aprimora a sensação do paladar, dá paz e descontração e ajuda a curar os distúrbios digestivos.

Dependência de nicotina, álcool e drogas

Numerosos estudos mostram que a MT é o mais eficaz método mental para levar à libertação do vício de modo natural e duradouro. Ela traz satisfação interior à pessoa em busca.

Envelhecimento precoce

A MT rejuvenesce e regenera. A idade biológica diminui, os mecanismos de auto-reparação das células são ativados, dá-se um aumento dos hormônios da juventude e são reduzidos os hormônios do *stress*.

RECLAMAÇÕES PSÍQUICAS

Medo, *stress*, inquietude e nervosismo

A MT é a mais eficaz técnica de relaxamento e o mais bem-sucedido método contra o medo e o *stress* mental. Ela propicia paz profunda e regeneração e leva diretamente ao reino da paz e da felicidade.

Distúrbios de concentração, fraqueza da memória, falta de criatividade

Melhora a capacidade de aprendizado e concentração, eleva a criatividade e a inteligência.

Estados de esgotamento, síndrome do *burnout*

Recuperação mais rápida e completa e regeneração, reconquista da capacidade de desempenho mental e físico por meio da paz profunda e descontração durante a meditação.

SOBRE OS AUTORES

Wolfgang Schachinger é médico clínico geral e diretor do Maharishi Ayur-Veda Gesundheitszentrums Ried [Centro de Saúde Ried de Ayurveda de Maharishi], em Innkreis, no Norte da Áustria. Desde 1974, ele introduziu mais de duas mil pessoas na MT.

Ernst Schrott é médico de medicina natural e homeopatia e diretor Médico do Maharishi Ayur-Veda Gesundheitszentrums Regensburg [Centro de Saúde Regensburg de Ayurveda de Maharishi]. Juntamente com W. Schachinger, ele forma uma bem-sucedida equipe de autores que escrevem sobre o tema da Ayurveda; eles ministram seminários de formação para o uso profissional da MT em consultórios médicos e entidades de saúde por toda a Europa.

O trabalho deste livro nos proporcionou muita alegria, bem como aprofundou a nossa visão sobre os mistérios da vida.

Muitas pessoas contribuíram para que esta idéia se tornasse uma realidade.

Agradecemos a todos de todo o coração.

Somos especialmente gratos a:

- Maharishi Mahesh Yogi, pelo conhecimento e experiência do médico interior, da força criativa cósmica, que toda pessoa pode encontrar na fonte de seus pensamentos,

- nossas esposas, Gerda e Karina, e nossos filhos, que sempre nos apoiaram com muita paciência e simpatia,

- Michael Hübener, que analisou o livro e nos deu valiosas informações,

- Thomas Klein e Norbert Wobbe, pela incansável inspiração e importantes estímulos quanto ao conteúdo,

- Nosso editor, Sr. Kamphausen e seus colaboradores, pelo envolvimento na elaboração do manuscrito e sua transposição para a forma atual.

- Klaus Fischer, pela concessão das ilustrações.

Por fim, o nosso agradecimento especial vai para os nossos pacientes pelos conhecimentos intuitivos profundos na força curativa da natureza, que pudemos obter graças à sua confiança em nós.

Pessoas conhecidas relatam suas experiências

Professor Dr. Erich Häussler, presidente reformado do Deutschen Patentamts [Repartição de Patentes da Alemanha]:
"Pratico a Meditação Transcendental (MT) regularmente há cinco anos. Eu a considero uma das mais significativas inovações do presente."

Hidetetsu Tomoyori, detentor do recorde mundial de memória de números do Guiness:
"A MT é maravilhosa, porque é muito simples, propicia um relaxamento eficaz. A MT fortaleceu minha concentração e me ajuda a dormir profundamente."

Jakob von Uexküll, fundador dos prêmios Nobel alternativos:
"Não consigo imaginar que eu possa conseguir enfrentar toda a correria e fazer o trabalho sem a MT."

Dr. Kenneth Eppley, pesquisador do Stanford Research Institute nos Estados Unidos:
"A Meditação Transcendental comprova claramente ser o mais eficaz método de meditação para superar o *stress* e o medo."

Nena, cantora popular alemã:
"Depois de cada meditação fico totalmente calma. Essa é a descontração que sempre desejei."

Barbara Rütting, atriz e autora de livros:
"A MT é um método eficaz para transformar as tendências negativas da vida social em desenvolvimentos positivos."

Hannelore Elsner, atriz:
"A MT é algo muito importante para mim. Ela me ajuda bastante a adquirir o equilíbrio e a me regenerar."

Donovan, cantor *pop* inglês:
"Eu pratico a Meditação Transcendental há muito tempo."

Adele Landauer, atriz:
"Sem a MT eu não suportaria as exigências das filmagens. Com a meditação nos recuperamos totalmente. Todas as irritações desaparecem."

Thomas Koschwitz, mestre de espetáculos:
"Com a MT consigo elaborar as muitas coisas que se alojam na minha cabeça, sem precisar fazer muito esforço. Não quero perder isso nunca mais."

Costa Cordalis, cantor popular:
"A meditação faz com que os pensamentos se tornem positivos. Isso é muito importante para a vida."

Dr. Jaan Suurkula, médico sueco:
"Nenhum outro programa mostrou uma documentação científica tão sólida, que prova mudanças que sustentam a vida no corpo, na psique e no comportamento. A MT traz imediatamente melhoras profundas e resultados duradouros."

Clint Eastwood, ator e diretor norte-americano:
"Medito regularmente há trinta anos, vinte minutos duas vezes por dia."

Peter Lindberg, fotógrafo de celebridades:
"Quando meditamos ao longo dos anos, isso já exerce uma influência enorme sobre a personalidade. A técnica em si é simples: você se senta todas as manhãs durante vinte minutos, fecha os olhos e pensa no seu mantra. Isso dispersa os seus pensamentos e sentimentos e você sente uma paz profunda. É incrível a força que isso tem. Talvez muito dessa minha conversa fiada sobre harmonia se deva a isso."

William Hague, chefe do partido britânico dos conservadores:
"A MT me ajuda a subsistir com poucas horas de sono."

Magnus Gustafsson, tenista profissional:
"A MT lhe dá mais energia e você pode concentrar-se melhor e, enquanto medita, é como se você estivesse lambiscando doces."

Prof. Dr. Hans Selye, fundador da moderna pesquisa do *stress*:
"As regularidades biológicas por mim elaboradas e a técnica da Meditação Transcendental de Maharishi Mahesh Yogi têm mais alguma coisa em comum: ambas independem de religião, política, filosofia ou ideologia. Ambos os ensinamentos se fundamentam nas leis da natureza."

Gottfried Vollmer, ator:
"Durante a minha formação aprendi muitas técnicas de relaxamento. De longe, a MT é a melhor."